hänssler

Elisabeth Elliot

Mann sein – Frau sein

Verschiedenartigkeit und Gleichberechtigung

Die Deutsche Bibliothek – CIP-Einheitsaufnahme

Elliot, Elisabeth:
Mann sein – Frau sein : Verschiedenartigkeit und Gleichberechtigung / Elisabeth Elliot. [Übers. von Werner Papke]. – Neuhausen-Stuttgart : Hänssler, 1992
(TELOS-Bücher ; 1608 : TELOS-Hardcover)
Einheitssacht. : The mark of a man <dt.>
ISBN 3-7751-1716-4
NE : GT

TELOS-Hardcover
Bestell-Nr. 71.608

Published by Fleming H. Revell Company, Old Tappan, New Jersey
Originaltitel: The Mark of a Man
Übersetzt von Dr. Werner Papke

Titelbild: Bildagentur Mauritius / Frankfurt – Wien – Mittenwald
Umschlaggestaltung: Daniel Dolmetsch
Printed in Austria

Inhalt

Einleitung

Du würdest überrascht sein, Peter, wie oft ich an Dich denke. Und sooft ich an Dich denke, bete ich für Dich – und für meine beiden anderen Neffen, die in heiratsfähigem Alter sind, Thomas und Benjamin. Ich bete, daß Gott euch zu richtigen Männern macht und – wenn Er will, daß Ihr heiratet – Euch Ehefrauen gibt, die richtige Frauen sind.

Auch jetzt, an diesem dunklen Wintertag, bin ich in Gedanken bei Dir. Das Meer, auf das ich durchs Fenster neben meinem Schreibtisch schaue, ist grau wie ein Schlachtschiff und kräuselt sich sanft vor einer Brise aus Nordost. Drei kleine Wasserhühner gleiten auf den Wellen dahin, von Zeit zu Zeit verschwinden sie ganz unter Wasser, um dann unverhofft wieder aufzutauchen – wie Korken. Die Brandung zischt und schäumt und schlägt gegen die großen Felsen unter der Klippe – zum Lobe Gottes. »Die sollen loben den Namen des Herrn; denn er gebot, da wurden sie geschaffen. Er läßt sie bestehen für immer und ewig; er gab eine Ordnung, die dürfen sie nicht überschreiten. Lobet den Herrn ... ihr großen Fische und alle Tiefen des Meeres.« (Ps 148,5-7)

Es ist eine gute Woche her, seit Du Lars und mich zum Flughafen gefahren hast – in dem kleinen Wagen, der unbedingt neue Sitze braucht, in Deinem Saab, den Du glaubtest, preiswert erworben zu haben. Ich erinnere mich an die Schwierigkeiten, die Du in diesem Studienjahr hattest – eben genau die Probleme, die man bei einem jungen Mann erwartet: Dein Auto, Deine akademischen Titel, Deine Freundin(nen!). Und als Du mich am Telefon um Rat fragtest, sagte ich Dir: »Du weißt doch sicher, was ich antworten werde, Peter?«

»Klar! Darum ruf' ich ja an. Ich muß es noch einmal hören.«

So sprachen wir darüber, wie man Gott kennenlernt. Glaube muß sich mitten im ganz normalen Leben hier unten auf Erden bewähren. Zum normalen Leben gehören Schwierigkeiten. Wenn alles nach Wunsch geht, scheint oftmals kein Glaube nötig zu sein. Erst wenn alles durcheinandergerät, suchen wir nach Antworten oder Hilfe. Wo anders sollten Prüfungen für den Glauben eines jungen Mannes kommen, wenn nicht in diesen drei Gebieten, in denen Du Probleme hattest?

»Stimmt!«, sagtest Du.

Dann war da die Frage, ob Du Dich nicht einer christlichen Studentengruppe anschließen solltest. Nur wenige von uns schaffen es, ganz allein auf sich selbst gestellt Christen zu sein – wir sollen eine Herde oder ein Leib sein. Wir brauchen Hilfe: jemanden, mit dem wir die Bibel lesen können, jemanden, mit dem wir beten können, einen, der uns aufrichtet, wenn wir am Boden liegen. Du hast versprochen, Dich nach einem christlichen Freund umzusehen.

Natürlich betete ich jedesmal inniger für Dich, wenn Du angerufen oder geschrieben hattest.

Letzte Woche mußte ich wieder an Dich denken, als ich bei einer Studentenversammlung – unter anderem – über die verheiratete Frau auf dem Missionsfeld sprach. Ich war überrascht, daß unter den Zuhörern außer verheirateten Frauen auch mehrere Männer und ledige Frauen waren. Als ich behauptete, daß ein gravierender Unterschied zwischen Mann und Frau besteht, daß sie nicht auswechselbar sind, wurde mir klar, wie entsetzlich die Dinge in den letzten zehn Jahren verzerrt worden sind. Denn als ich darum bat, es sollten die Männer ihre Hand heben, die wegen meiner Behauptung eine Aussprache wünschen, da mußte ich erstaunt feststellen, daß mehrere hundert Hände emporschnellten. Ich hätte dann fragen sollen, wer keine Aussprache wünschte (ich weiß nicht, ob sich überhaupt jemand gemeldet hätte), aber ich war äußerst überrascht und verwirrt. Als ich vorschlug, an der Rückwand des Hörsaals eine Liste auszuhängen, in die man sich eintragen könnte, wurde wie verrückt geklatscht, gelacht und gekreischt (am lautesten juchzte wohl eine ledige Frau). Alle waren erheitert, nur ich nicht. Als Kinder dieser Zeit, die immer nur von Gleichberechtigung und Persönlichkeitsentfaltung hören, wissen sie nicht mehr, was eigentlich der Unterschied zwischen den Geschlechtern ist. Sie sind nicht einmal sicher, ob es gerechtfertigt ist, einen Unterschied zu sehen, oder ob man nicht besser so tut, als gäbe es keinen.

Ja, Peter, es gibt einen Unterschied.

»Ach, hör' doch auf damit!« wirst Du sagen. »Meinst Du, ich weiß das nicht?«

Natürlich weißt Du das. Jeder weiß das. Der biologische Unterschied ist – soweit jedenfalls – eine nicht zu leugnende Tatsache. Einfache Fakten sind irgendwie »unverrückbar«. Sie lassen sich nicht verdrängen. Doch die »Wissenschaft« tut alles, um dies gründlich zu ändern. Gott bewahre uns davor, daß das gelingt.

Aber in unserem Zeitalter der Gleichberechtigung haben wir unser Bestes versucht, die natürlichen Fakten auszuradieren, zu leugnen, zu überwinden oder wenigstens zu verwischen. Manchmal hoffen wir, über allem zu stehen, wenn wir nur richtig zivilisiert und »befreit« werden, und meinen, es »transzendieren« zu können, wenn wir schrecklich »geistlich« werden. Diese Transzendenz entspricht jedoch nicht im geringsten einer wahren christlichen Sicht, sie ist vielmehr eine zutiefst weltliche Zwangshandlung mit dem Ziel, die Dinge so hinzubiegen, daß sie in unser humanistisches Weltbild passen. Feministinnen schreiben eifrig die gesamte Geschichte, Psychologie, Mythologie, Soziologie und sogar die Theologie um, damit sie dem Zeitgeist entspricht. Und wenn man zu sagen wagt: »Halt, so geht es aber nicht!«, dann weißt du, wie man Dich nennen wird.

Es gibt einen Unterschied über den rein biologischen hinaus.

»Du willst doch nicht etwa die alten Kamellen aufwärmen: Der Mann soll dies tun, die Frau soll das tun? Nichts als Forderungen! Ein ganzer Krampf!«

Ich kenne diese Antwort. Rosemary Radford Reuther, Professor für historische Theologie, spricht in ihrem Buch »From Machismo to Mutuality« (Vom Gegeneinander zur Gegenseitigkeit) davon, daß Männlichkeit und Weiblichkeit als »gesellschaftliche

Ideologien« »entlarvt« werden sollten. Ach! Christen haben ihre Vollmacht verloren, wenn sie einen solchen Standpunkt vertreten.

Nein, Peter. Ich rede nicht von Biologie oder alten Kamellen oder gesellschaftlichen Ideologien. Ich rede über die Bedeutung von Sexualität (Männlichkeit und Weiblichkeit). Frage nicht länger, ob die Physiologie etwas bedeutet.

Ich bitte Dich, hör auf damit und staune. Denn es gibt hier eine ganze Menge mehr, als man mit dem Auge wahrnimmt. Mehr als sich durch Sitte oder Kultur erklären ließe.

Es gibt ein Geheimnis. Gerade über dieses Geheimnis möchte ich Dir schreiben. Du bist ein Mann, Peter, das ist klar, wenn ich Dich anschaue. Ich danke Gott für Deine Männlichkeit.

Manchmal muß ich auch den Atem anhalten, wenn ich an den kleinen Knaben denke, den ich noch vor nicht allzulanger Zeit gekannt habe. Du hast keine Möhren gemocht. Aber Du warst gehorsam, und wenn Deine Mutter sagte: »Iß Deine Möhren!«, dann stopftest Du sie in den Mund. Nicht immer gingen sie viel weiter, wie sich einmal in Quito in Equador herausstellen sollte. Deine Eltern und ich waren bei einer Missionarsfamilie zum Mittagessen eingeladen. Du warst ungefähr vier, denke ich, und machtest nach der Mahlzeit ein Nickerchen im Schlafzimmer des Missionarsehepaars, während wir noch ein wenig plauderten. Auf dem Heimweg, rund eine Stunde später, murmeltest Du: »Muß ich die Möhren ganz aufessen?« Sie waren immer noch in Deinen kleinen Pausbacken verstaut.

Ich besitze ein Photo von Dir und Deiner Cousine Valerie, wie ihr in Atlantic City bei einer Bordwanderung auf Taubenjagd geht. Es ruft Erinnerungen wach, wie *sie* ganz sachte auf Zehenspitzen ging, und versuchte, sich so nahe wie möglich an die Tauben heranzuwagen, und wie *Du* dann in Deinen Buster-Brown-Schühchen polternd daherkamst und so sehr enttäuscht warst, als die Tauben mit einem Husch davonflogen.

Man könnte meinen, es seien nur ein paar Tage seit Deiner Kindheit vergangen. Du wohntest damals auf den Philippinen. Ich habe Dich dort nur einmal besucht. Wie hast Du da auf dem Flugplatz von Puerto Princesa gestanden, der kaum mehr als ein Kiosk war, und eine riesige Fahne geschwungen: WILLKOMMEN, TANTE BETTY UND ONKEL EDUARD! Du warst ungefähr dreizehn, glaube ich, konntest aber schon Motorboot und Wasserski fahren und tauchen, einen Dieselgenerator anwerfen, einen Kurzwellenempfänger reparieren und wunderschön Geige spielen.

In den Jahren, die seitdem verflossen sind, hast Du viele Fähigkeiten dazuerworben. In den Weihnachtsferien hast du mir einmal eine Fluoreszenzlampe in der Küche installiert. Du hast Skilaufen und Reiten gelernt und den Magister für Konzertvioline gemacht.

Die Welt braucht dringend Männer, die stark sind: stark in ihrer Überzeugung, stark im Führen, im Ausharren, im Leiden. Ich bete, daß Du so ein Mann wirst, Peter, der froh ist, von Gott als Mann geschaffen zu sein, froh, die Bürde der Männlichkeit auf seine Schultern zu nehmen in einer Zeit, da solch ein Verhalten oft verächtlich belächelt wird. Ich rufe Dir zu, was Paulus in seinem Brief den Gläubigen in Ephesus schrieb:

»So seht nun sorgfältig darauf, wie ihr euer Leben führt, nicht als Unweise, sondern als Weise, und kauft die Zeit aus; denn es ist böse Zeit. Darum werdet nicht unverständig, sondern versteht, was der Wille des Herrn ist.« (Eph 5,15-17)

Dieses Buch handelt von den Dingen, die solche Männer auszeichnen. Ich hoffe zuversichtlich, alles gründlich genug belegt zu haben, damit Du überzeugt wirst, daß es nicht einfach um eine interessante oder antiquierte Ansicht geht, sondern in der Tat um Wahrheit, die Dich selig macht.

Wie die Dinge sind

Vor einigen Monaten schrieb ein Wissenschaftler namens Freeman Dyson einen Zeitschriftenartikel über frühere Erkenntnisse im Labor. Es bereitete ihm sichtlich Vergnügen, mit Kristallen, Magneten, Prismen und Spektroskopen einige berühmte alte Experimente durchzuführen, von denen er im voraus wußte, welche Resultate sie liefern würden. Es schien ihm wie ein Wunder, als er die elektrische Spannung maß, die durch verschiedenfarbiges Licht erzeugt wurde, das auf eine Metalloberfläche fiel, und er so Einsteins photoelektrischen Effekt bestätigt fand. Aber bei dem Öltropfen-Versuch von Millikan hatte er geradezu eine Offenbarung. Robert Millikan, ein Physiker der Universität Chicago, bestimmte als erster die elektrische Ladung von Elektronen. Er zerstäubte Öl zu winzigen Tropfen und beobachtete unter dem Mikroskop, wie sie sich in einem elektrischen Feld zwischen zwei Kondensatorplatten bewegten. Dyson befolgte Millikans Angaben und konnte so die Öltropfen schön schweben lassen. Da faßte er, um das elektrische Feld zu verändern, den falschen Knopf und fiel der Länge nach hin.

Diese ungewollte kurzzeitige Auslieferung an ein unabänderliches Gesetz, das ihm fast zum Verhängnis geworden wäre, offenbarte Dyson, was Einstein gemeint hatte, als er sagte: »Das ewig Unbegreifliche an der Welt ist ihre Begreiflichkeit.« Dyson erkannte, daß seine komplizierten Berechnungen darüber, wie ein Elektron sich verhalten sollte, nur zeigen konnten, wie es sich immer verhalten würde, unabhängig davon, ob er je die Bewegung des Elektrons berechnen wollte oder nicht. Die Elektronen in dem Öltropfen wußten genau, was sie tun sollten und taten es – zu seinem Schaden, als er den falschen Knopf erwischte.

Wir leben in einer gefährlichen Zeit. Die Menschen mischen sich in Gottes Verordnungen ein und betätigen die falschen Knöpfe. Das Ergebnis ist nicht immer so dramatisch und unmittelbar, wie es für Dyson war, aber es ist ebenso unerbittlich: Was der Mensch sät, wird er ernten.

In den letzten Monaten kam ich in engeren Kontakt mit Ehepaaren, die in großen Schwierigkeiten sind, weil sie, wie ich glaube, von der Theorie angesteckt wurden, Männlichkeit und Weiblichkeit seien nicht weiter wichtig. Sie haben sozusagen »an den falschen Knöpfen gedreht«, indem sie von Gott gegebene Gaben verleugnen und versuchen, Mann und Frau »gleich« und/oder austauschbar zu machen. Das Gerede von Befreiung, gegenseitiger Nachgiebigkeit und Gleichberechtigung klingt harmlos genug, ja einleuchtend, aber es ist äußerst gefährlich, und Menschen gehen daran förmlich zugrunde. Es gibt tatsächlich eine bestimmte Verordnung für Mann und Frau, genau so sicher, wie es eine für Elektronen gibt. Unabhängig vom Beobachter, unabhängig davon, wie sorgfältig der Wissenschaftler im Laboratorium seine Versuche durchführt, müssen die Elektronen bestimmte Dinge tun. Sie müssen sie tun, weil sie dazu geschaffen wurden, sie zu tun. So sind die Dinge eben.

Für Einstein war die Welt »begreifbar« – das heißt, er erkannte ihren Plan und ihre Berechenbarkeit, die in sich selbst gerade das Unbegreifliche sind. Sollen wir, die wir an den Schöpfer der Welt glauben, die gewaltigste aller Unbegreiflichkeiten bezüglich des Menschen verleugnen: den Plan für Geschlechtlichkeit? Sollen wir unser Augenmerk statt dessen auf etwas Schwaches und Geringes, auf etwas vom Gesetz Verordnetes oder – schlimmer! – soziologisch Definiertes richten?

Gleich, weil erschaffen

Auf meinen Reisen erfahre ich immer wieder, wie viele Männer an den Fragen eigentlich nicht sonderlich interessiert sind, die durch die »Befreiungs«-Bewegungen aufgeworfen werden. Ehrlich gesagt, ich war daran auch nicht interessiert. Die ganze Angelegenheit langweilte mich, aber weil ich nun einmal in der Öffentlichkeit spreche, wurde ich öfters gefordert, dazu Stellung zu nehmen. Folglich mußte ich mich zu Hause hinsetzen und herausfinden, worum es dabei eigentlich geht. Je mehr ich kapierte, desto unwohler wurde mir, besser gesagt: ich war entsetzt. Ich fing an zu begreifen, daß es echt dämonische Anzeichen in der dahinterstehenden Philosophie gibt, die gemeinhin Befreiung genannt wird, und daß man Begriffe entleert hat und ihnen Bedeutungen gab, die dem oft fast – und manchmal völlig – entgegengesetzt sind, was wir früher darunter verstanden haben. Erlösung bedeutet nunmehr »Selbst-Verwirklichung« oder »Selbst-Erfüllung«; Freiheit bedeutet »Entbindung von Verantwortung«, und Sünde scheint wenig mehr als »ein persönliches Anpassungsproblem« zu sein. Dadurch wird es Menschen fast unmöglich gemacht, auch nur zu »hören«, was Gott sagt. Jedes Wort, das aus dem Munde Gottes geht, wird neu definiert, abgeschwächt, angepaßt, um es für eine weltliche Gesinnungshaltung akzeptabel zu machen. Das wird mir jedesmal knallhart bewußt, wenn ich nach einem Vortrag noch Fragen beantworte. Selbst wenn ich besonders darum bitte, man möge versuchen, seine Einwände so lange wie möglich zurückzuhalten, und ehrlich darüber nachdenken, was ein bestimmter biblischer Grundsatz wirklich bedeutet, so lautet dennoch meist die erste Frage: »Aber das bedeutet doch sicher nicht …?« oder »Glauben Sie denn nicht, daß das eine Frage der

Interpretation ist?« oder: »Man kann bei diesem Thema auch übertreiben.« Was ich eben noch vorgeschlagen habe, wird völlig vergessen. Die Fragesteller haben nicht einmal ein paar Sekunden überlegt, um dann zu fragen: »Was will Gott *mir* sagen?« Sie sind schon so vorprogrammiert, daß sie das absolut Gültige relativieren und existentialistisch deuten oder von den Umständen abhängig machen.

Was Sache der Frau genannt wird, ist ganz eindeutig Sache des Mannes! Ich schreibe an Dich, Peter – an Dich und an alle anderen Männer – und bitte Dich inständig, einmal nachzudenken, theologisch darüber nachzudenken, was wirklich vor sich geht. Wir alle sind natürlich vor Gott verantwortlich – Frauen genauso wie Männer –, aber ich glaube, daß ihr Männer eine besonders große Verantwortung habt. Und wenn Du aufmerksam gelesen hast, wirst Du wohl erkennen, warum.

Zu den Wörtern, deren Bedeutung ganz allmählich verändert wurde, gehört das Wort Gleichheit. Wenn in unserer Verfassung steht, daß »alle Menschen gleich geschaffen sind«, dann bezieht sich das nicht auf Intelligenz, Aussehen, Temperament, Größe, Gewicht oder Einkommen. Es geht vielmehr um gewisse Rechte, die »unveräußerlich« sind, weil man sie nicht entwenden kann. Sie sind nicht etwas, das einer dem andern geben kann. Alle Frauen und Männer, heißt es, sind mit diesen Rechten »von ihrem Schöpfer ausgestattet«. Welche Rechte sind das? »Leben, Freiheit und das Streben nach Glück.« Das heutige Gerede von »gleichen Rechten« deckt so viele verschiedene Gebiete ab, daß wir ganz vergessen haben, welche Rechte die Verfassung uns garantieren wollte. Wir haben anscheinend auch vergessen, daß ein Schöpfer erwähnt wurde. Es ist vernünftig, anzunehmen, daß, wenn uns ein Schöpfer ausgestattet hat, er auch einen bestimmten Zweck damit verfolgte.

Über diesen Schöpfer erfahren wir etwas in der Bibel. Das Buch beginnt mit der Erschaffung von Himmel und Erde. Wir lesen dann von Licht und Finsternis, von der dünnen Luftschicht und den Wassern, vom trockenen Land und den Meeren, von Sonne, Mond und Sternen, von Pflanzen und Tieren, von Mann und Frau: eine faszinierende Liste von Gegensätzen! Beim Lesen der Liste würde man kaum an das Wort »gleich« denken. Wir finden wirklich nur Unterschiede und Gegensätze.

Aber unser Thema sind Mann und Frau. Und Mann und Frau sind gleich, daran werden wir mit ermüdender Regelmäßigkeit erinnert.

Nun, ja, aber inwiefern? Heißt das gleich aufgeweckt, hübsch, drollig, groß, dick oder reich? Quatsch! Bedeutet es »austauschbar«? Sicher nicht. Gehen wir doch einmal ins Detail und schauen uns das Buch näher an, das uns sagt, wer Mann und Frau erschuf und wie und warum er das tat. Wenn sie nicht austauschbar sind, wenn es bedeutsame Unterschiede gibt, müssen wir diese klar erkennen, ehe Männer wirklich Männer und Frauen wirklich Frauen sein können.

Nach allem, was wir aus dem ersten Kapitel der Genesis erfahren, müssen wir schließen, daß Mann und Frau, abgesehen von dem geschlechtlichen Unterschied, der nur nebenbei erwähnt wird (»männlich und weiblich schuf er sie«), von Gott im Blick auf besondere Eigenschaften gleich erschaffen wurden.

Die erste ist, daß sie beide erschaffen wurden. Wir könnten darum sagen, daß sie gleich sind, weil sie gemacht wurden. In dieser Hinsicht waren sie auch dem Licht und der Finsternis gleich, der Sonne und den Sternen, dem Land und der Luft, sogar den Elektronen. Sie wurden von jemandem gemacht. Theorien vom Anfang, die nicht dem biblischen Bericht entsprechen, erfordern weit mehr Glauben als diese einfache Aussage. Wir wollen uns für sie entscheiden.

In gleichem Bilde

Das nächste, worin Mann und Frau gleich sind, hebt sie sofort von allen anderen Geschöpfen ab. Der Mensch wurde im Bilde Gottes erschaffen.

»Und Gott schuf den Menschen in seinem Bilde«. Diese Aussage ist klar genug. Aber für den Fall, daß es nicht klar genug war, wird es im nächsten Vers noch einmal formuliert: »im Bilde Gottes schuf er ihn.« Es ist, als ob Gott sagen will: »Habt ihr's jetzt verstanden?«

Ja! Wir sind im Bilde Gottes gemacht! Ich glaube das. Aber ich dachte, Gott sei Geist. Wie kann er dann durch ein menschliches Wesen abgebildet werden? Ein Geistwesen hat keinen Körper. Doch die Bibel spricht von Gottes Auge, Gottes Hand, Gottes Arm – menschliche Begriffe, sagt man, aber das ist nur eine Bezeichnung. Es erklärt eine Sache nicht. Die Bibel erklärt nicht, wie oder warum wir im Bilde Gottes gemacht sind. Sie sagt uns einfach, daß wir es sind.

Sie sagt uns auch, daß zwei verschiedene Ausführungen nötig waren, um dieses göttliche Bild darzustellen, männlich und weiblich. Warum? Ist Gott ein geschlechtliches Wesen? Wäre nicht ein geschlechtsloses Wesen oder vielleicht ein einzelliges Gebilde ein angemesseneres Bild gewesen? Was nur können Mann und Frau mit dem Bild des allmächtigen, ewigen Gottes zu tun haben?

Möchtest Du die Antwort wissen, Peter? Ich auch. Aber sie wird uns nicht verraten. Sie ist ein Geheimnis. Im allerersten Kapitel des ersten Buches der Bibel kommen wir mit dem Geheimnis der Geschlechtlichkeit in Berührung. Sie ist eine der Bedingungen, Mensch zu sein. Wenn Du ein Mensch sein möchtest, mußt Du geschlechtlich sein. Du mußt entweder ein Mann oder eine Frau sein. Und als Mann oder Frau stellst du die Imago Dei dar. Es ist dieses »Bild Gottes«, das den Menschen von allen anderen Lebewesen unterscheidet. Die Jerusalemer Bibel schreibt: »es beinhaltet eine allgemeine Ähnlichkeit der Wesensart: Intellekt, Wille, Autorität – der Mensch ist eine Person. Es ebnet den Weg für eine höhere Offenbarung: der Anteil des Menschen an der göttlichen Natur aufgrund der Gnade.«

Das menschliche Leben ist darum voller Bedeutung und »Transzendenz«. Es ist nicht leer, nicht belanglos, nicht bloß mechanisch.

Gleich hinsichtlich moralischer Verantwortung

Aber Mann und Frau sind nicht nur gleich, weil sie beide von Gott gemacht sind, und dies im Bilde Gottes, sie können auch gleich genannt werden, weil sie unter moralische Verantwortung gestellt wurden. Gott gab ihnen einen Befehl, dem beide verpflichtet waren, und den keiner ohne den andern ausführen konnte: Seid fruchtbar und mehret euch! Zum Tango-Tanzen gehören zwei. Die sexuelle Unterscheidung ist nötig, damit es »funktioniert«: zwei Geschöpfe, die sich erstaunlich gleichen und wunderbar verschieden sind.

Wo dem Menschen ein Befehl gegeben ist, da ist eine Wahl zu treffen – eine moralische Wahl. Im Bilde Gottes gemacht zu sein, schließt die Fähigkeit zu wählen ein, was wiederum einen Willen erforderlich macht. Mann und Frau wurden mit dieser Fähigkeit ausgestattet. Sie konnten moralisch völlig frei handeln und waren frei, zu gehorchen oder nicht zu gehorchen.

Wenn Gott im voraus wußte, in welche mißliche Lage sie wegen dieser Freiheit geraten würden, warum erlaubte ihnen Gott diese Freiheit? Es ist dies ein weiteres tiefes Geheimnis, aber eins kann mit Sicherheit gesagt werden: Gott hatte den sehnlichen Wunsch, daß wir uns entscheiden würden, ihn zu lieben. Die Freiheit, uns so entscheiden zu können, wäre sinnlos, wenn wir nicht auch frei gewesen wären, ihn nicht zu lieben. Die Freiheit zu gehorchen, ist abhängig von der Freiheit, nicht zu gehorchen.

Adam und Eva taten ihr Bestes, soweit wir wissen, um den Befehlen des ersten Kapitels der Genesis Folge zu leisten: Seid fruchtbar und mehret euch; füllet die Erde und macht sie euch untertan, herrscht über die Fische in dem Meer, die Vögel unter dem Himmel und über jedes lebendige Wesen, das sich auf dem Erdboden regt!

Es war das Gebot des zweiten Kapitels, dem sie nicht gehorchten; aber davon später. Wenn das, was im ersten Kapitel der Genesis enthalten ist, alles wäre, was wir über Mann und Frau wüßten, wäre es ganz richtig, sie als gleich zu bezeichnen, einzig die geschlechtliche Verschiedenheit ausgenommen.

Diejenigen, die sich Feministinnen nennen – ob »biblisch« oder sonstwie – scheinen einen Glauben gemein zu haben und nur einen, den ich aus ihren Argumenten ableiten konnte: Sie sind sich einig, daß es – abgesehen von dem physiologischen – keinen Unterschied zwischen Mann und Frau gibt. In dieser Hinsicht und nur in dieser allein sehen sie Mann und Frau als funktional nicht auswechselbar an. Weil sie nicht begreifen, daß das Physiologische auf etwas Höheres hinweist, vermögen sie auch die Unverwechselbarkeit theologisch überhaupt nicht zu definieren. Unter diesen Voraussetzungen würden sogar »biblische« Feministinnen nichts in Genesis 1 finden, worüber man streiten müßte, und in der Tat könnten wir alle mit Freuden »Feministinnen« sein. Wenn es nur um das Physiologische ginge, gäbe es diesen Begriff sicher nicht; man würde über Männlichkeit und Weiblichkeit nicht weiter nachdenken, und niemand würde etwas beweisen wollen. Aber wenn wir zu Genesis 2 kommen, scheiden sich die Geister.

Es sollte hier betont werden, daß diejenigen, die den biologischen Unterschied herunterspielen (Feministinnen genauso wie Homosexuelle), normalerweise auch keinen anderen anerkennen. Wenn wir nicht durch und hinter das Körperliche schauen, werden wir wohl nicht einmal das Körperliche so sehen, wie wir es sehen sollten: als *das* Instrument zur Verherrlichung Gottes schlechthin.

Der Druck von der Welt her ist immer groß, Peter. Gegenwärtig ist der Druck von Säkularismus und Humanismus massiver denn je zuvor.

Genau diese Philosophien haben einen Einfluß darauf, wie Gläubige über Sexualität denken. Schlag im Humanistischen Manifest (I und II – 1933 und 1973 abgefaßt) nach, wenn Du genau wissen willst, womit wir es zu tun haben. Humanisten betrachten das Universum als »in sich selbst bestehend und nicht erschaffen«, sie halten das Übernatürliche für »entweder sinnlos oder bedeutungslos für die Frage nach ... der Vollendung der menschlichen Rasse ... Wir fangen mit den Menschen an, nicht mit Gott ... Wir können keinen göttlichen Zweck und keine göttliche Vorsehung für die menschliche Species entdecken ...

Moralische Werte haben ihre Quelle in menschlicher Erfahrung, sie brauchen keine theologische Billigung.« Humanismus wird in der Tat unverhohlen eine »Religion« genannt! Christen wissen oft nicht, wo die Schlachtlinie verläuft und übernehmen dann unkritisch die Begriffe so, wie sie von der gegnerischen Seite definiert werden.

Die Verschiedenheiten

Wir haben uns so sehr daran gewöhnt, Gerechtigkeit im Sinne von Gleichheit aufzufassen, daß wir gerade die offensichtlichen Verschiedenheiten vergessen, mit denen uns der Schöpfer ausgestattet hat. Vielleicht sollte man sie vorsichtshalber als Unterschiede statt als Verschiedenheiten bezeichnen, da das letztere Wort oft ein Werturteil einzuschließen scheint. Zu den von Gott gewirkten Unterschieden gehören Rasse, Geschlecht, Hautfarbe und IQ. Man hat Menschen als Rassisten und Sexisten bezeichnet, nur weil sie eine Rasse oder ein Geschlecht höher bewerteten, oder weil sie überhaupt von ihnen Notiz nahmen. Es ist bisweilen schwierig zu beurteilen, was die Begriffe wirklich bedeuten.

Neulich stiegen wir in einem Hotel ab, wo ein Treffen von Lehrern schwarzer Kinder stattfand. Niemand hat etwas gegen eine solche Organisation. Niemand nennt sie rassistisch. Aber wenn es ein Treffen von Lehrern weißer Kinder gewesen wäre, hätte vielleicht jemand dagegen protestiert.

Dein Onkel Tom hörte unlängst, wie eine Frau sich beklagte, daß das Büro, in dem sie arbeitete, »so sexy« sei.

»Sie meinen, die Männer werden benachteiligt?« erkundigte er sich. Sie war einige Sekunden sprachlos. Diese Möglichkeit hatte sie nicht erwogen.

Lehrer wagen nicht, das begabte Kind auszusondern und seinen Leistungen gemäß zu belohnen. Es könnte ja als ein Herabsetzen von weniger begabten Kindern aufgefaßt werden. Andererseits wird leistungsschwachen Kindern eine besondere Behandlung zugebilligt. Die Verleihung von Titeln halten manche Erzieher für undemokratisch oder gar für elitäres Denken, wodurch das

Selbstwertgefühl ernsthaft zerstört würde – wieder sind es die dummen, deren Ich sorgfältige Behandlung erfordert. Das Ich des Kindes, das einen Goldtaler bekommen sollte, ihn aber nicht bekam, hält man jedoch nicht für verletzlich.

Das Interesse an den Rechten von Kriminellen ist so angestiegen, daß man sie vor Gericht und manchmal sogar in Gefängnissen bevorzugt behandelt. Manchmal scheint die Öffentlichkeit ihnen mehr Sympathie entgegenzubringen als ihren Opfern.

Virginia Mollenkott und Letha Scanzoni haben ein Buch mit dem Titel Is the Homosexual My Neighbor? (Ist der Homosexuelle mein Nächster?) geschrieben, in dem sie eine »vertraglich geregelte« homosexuelle Beziehung propagieren, einen »Bund Gleichgeschlechtiger«, der, so meinen sie, die »Mitmenschlichkeit der Schöpfung« nicht verletzt. Homosexuelle, so sagen sie uns, könnten sich dann mit dem anderen Geschlecht »auf nicht-sexuelle Weise« vereinen.

Das alles sollte uns erst dann überraschen, wenn wir erfahren, daß diese Frauen sich selbst als »biblische Feministinnen« bezeichnen, und Mollenkott wenigstens nennt sich selbst eine christliche Humanistin. Beides scheint mir ein Widerspruch in sich zu sein. Ihre Einstellung ist jedenfalls feministisch und humanistisch. Es ist schwer einzusehen, wie sie feministisch und humanistisch sein kann und zugleich biblisch und christlich. Denn sie geht von der völlig weltlichen Voraussetzung aus, daß Mann und Frau nur biologisch verschieden seien, und gibt Anlaß zu der Frage, ob überhaupt ein sozialer oder moralischer Unterschied zwischen dem Homosexuellen und dem Heterosexuellen gemacht werden kann oder sollte. Irgendeinen Unterschied zwischen Mann und Frau zu machen, ist nach Ansicht von Mollenkott und Scanzoni bestenfalls Unkenntnis, schlimmstenfalls bigott und Sünde. Ihre Neuordnung der Gesellschaft ist kein Fortschritt, sie basiert auf einer völlig falschen Vorstellung von Gott, Mensch und Welt und führt schließlich zum Zerfall und Chaos.

Was uns hier interessiert, ist der Unterschied zwischen Mann und Frau, nicht der zwischen Homosexuellen und Heterosexuellen. Aber es ist notwendig, beides zu untersuchen, da der Feminismus das grundsätzliche Problem verdeckt hat. Einige Feministinnen sähen gerne, daß wir von dem Unterschied zwischen Mann und Frau ebensowenig Notiz nehmen wie von dem Unterschied zwischen »fröhlich« und »redlich«, als ob der erste Unterschied nicht sonnenklar und der zweite nicht undurchsichtig wäre. Männlichkeit und Weiblichkeit strahlen als Bestandteile des ursprünglichen Plans Herrlichkeit aus. Sie leuchten. Sie sind die Normen, die in sich selbst etwas von dem Bilde Gottes tragen. Homosexualität dagegen ist eine Abweichung von dem ursprünglichen Plan. Sie verdunkelt die Herrlichkeit des Bildes Gottes.

Oft begegne ich Frauen, die sich selbst als Feministinnen bezeichnen, weil sie leidenschaftlich an die »Gleichheit der Geschlechter« glauben. Aber sie würden sich gegen die Mollenkott-Scanzonische Verteidigung eines homosexuellen Lebensstils wehren. Sie haben das Problem eben nicht gründlich durchdacht. Es ist äußerst wichtig zu beachten, daß, sobald die erste Prämisse des Feminismus zugestanden wird (daß der Unterschied der Geschlechter bloß biologisch ist und nicht theologisch), es dann vernünftig scheint zu schließen, Männer und Frauen dürften ihren »sexuellen Vorzug« zum Ausdruck bringen. Wo man das eigentliche Wesen und die Bedeutung der Geschlechtlichkeit verkennt, wird sie eher zur Geschmackssache statt zum Prinzip.

Mollenkotts Schlußfolgerung überrascht mich überhaupt nicht. Was mich überrascht, ist ihre Forderung, sich der Autorität der Bibel zu unterwerfen, wo sie doch diese Autorität gerade radikal in Frage stellt. Wo die Geschlechtlichkeit des Menschen nicht mehr als ein Sinnbild erkannt wird, oder wo dieses wichtige Sinnbild seine Bedeutung eingebüßt hat, kann billig behauptet werden, die Gleichheit der Geschlechter sei entscheidend. Wenn man dagegen die Geschlechtlichkeit des Menschen als einen unerläßlichen Bestandteil des Bildes Gottes sieht, die auf ein Geheimnis hinweist, dann ist die Vorstellung von Gleichheit ganz unangebracht.

Die Sprachverwirrung zeigt die Verwirrung des Denkens an. Sexuelle Ausschweifungen nehmen zu, weil niemand mehr die moralischen Grundsätze ernst nimmt. Die daraus entstehende

Verwirrung zeigt sich im Wortschatz. Ein an sich guter politischer Begriff wie Gleichheit wird auf jeden angewandt, egal, ob der Zusammenhang politisch ist oder nicht. Allmählich erhält das Wort die Bedeutung »soviel wert sein wie« oder »etwas wert sein« oder einfach »menschlich sein«. Ich habe ganz unterschiedliche Fälle erwähnt, in denen das Wort benutzt wurde. Sie machen deutlich, wie schwer es ist, zu erfassen, was wirklich mit dem Wort gemeint ist.

Ich würde nicht einen Augenblick meinen, daß der Unterschied zwischen Mann und Frau auf derselben Ebene liegt wie der Unterschied beispielsweise zwischen gescheiten und dummen Leuten oder zwischen Kriminellen und gesetzestreuen Bürgern oder Homosexuellen und Heterosexuellen. Doch diese Unterschiede werden oft unkritisch behandelt, so daß wir prüfen müssen, ob sie wichtig und wie wichtig sie sind und inwiefern das Wort Gleichheit auf sie zutrifft.

Geschlechtlichkeit ist ein herrliches Unterscheidungsmerkmal. Ich wage, es sogar ein herrliches Verschiedenheitsmerkmal zu nennen, damit wir verstehen, wie wichtig es ist und wie ganz und gar unauswechselbar Mann und Frau sind. Wenn wir das begreifen, werden wir uns darüber freuen – uns freuen, daß Gott daran gedacht und ihm eine so große Bedeutung beigemessen hat. Weit davon entfernt, es herunterzuspielen, möchten wir es vielmehr rühmen.

Von dem die Unterschiede stammen

Gott bringt Unterschiede hervor! Wir haben schon erwähnt, daß das Sechstagewerk einige scharfe Gegensätze zur Folge hatte. Die Erde war zunächst »wüst und leer, und es war finster auf der Tiefe.« Mit dem mächtigen Befehl »Es werde Licht« wurde es Licht. Gott trennte die Dinge (wie das Licht von der Finsternis) und gab ihnen Namen (wie Tag und Nacht). »... Da ward aus Abend und Morgen der erste Tag.«

Dann trennte er die Wasser unter der »Feste« von den Wassern über der »Feste« und nannte die »Feste« »Himmel«. Das war am zweiten Tag.

Und so weiter. Fünf Tage lang fuhr Gott fort, Unterschiede hervorzubringen. Er mache das trockene Land und die Meere, Pflanzen und Bäume. Er ließ Sonne und Mond erstrahlen, um Tag und Nacht zu beherrschen. Dann bildete er Lebewesen, die dem Medium angepaßt waren, in dem sie leben sollten: Vögel, um in der Luft zu fliegen, und Fische, um die Meere zu bevölkern (erst gestern wurde an einem nahegelegenen Strand eine 400 Pfund schwere Riesenkrake angespült, und zehn Männer mußten sie forttragen), Kriechtiere und »Tiere des Feldes«, um auf dem trockenen Land zu leben. »Und Gott sah, daß es gut war.« (1. Mose 1,2.3.5.10)

Er krönte sein gewaltiges Werk, indem er das herrlichste von allen irdischen Geschöpfen ins Leben rief – den Menschen – geschaffen in seinem Bilde und dazu bestimmt, über die ganze Erde zu herrschen. Aber selbst dieses Geschöpf erschien, wie andere Lebewesen, in zwei unterschiedlichen Formen: männlich und weiblich. Der Unterschied war Gottes »Einfall«. Wir hätten nicht daran gedacht. Stell Dir eine geschlechtslose Welt vor. Wenn man Dullsville sucht, das wär's, nicht wahr? Wir wissen zur Genüge, wie es in der »Unisex«-Welt der Blue Jeans aussähe. Wenn Männer und Frauen den geschlechtlichen Unterschied bejahen und sich darüber freuen, dann kommt Farbe, Sinn und Vielfalt in ihr Leben hinein. Wenn sie anfangen, den Unterschied zu leugnen oder glauben, daß er irgendwie verwischt werden sollte, dann ziehen sie die ganze Farbe wieder heraus (nur nicht die Textilfarbe, obwohl sie darauf bedacht sind, mit Perchlorat sogar von dieser einiges herauszuziehen, damit die Farbe akzeptabel wird).

Es fällt einem schwer, die Männer von den Frauen zu unterscheiden, wenn am Wochenende alles vom College ausschwärmt: mit Daunenjacke und Rollkragen, in Jeans und klobigen Schuhen, die Haare bis in die Augen herabhängend, den Rucksack über der Schulter.

»O mei!« würden einige von ihnen sagen. »Sie mag uns nicht!«

Schade! Noch eine Unterscheidung über Bord geworfen! Du bist klug genug, Peter, um zu erkennen, daß ich nicht verdamme. Ich beschreibe. Und wenn die Beschreibung zutrifft, dann geraten die Leute in Verlegenheit. Ich halte ihnen nur einen Spiegel vor und sage ihnen: »Schaut euch selbst an! Was seht ihr?« Wenn es eintönig ist, veranschaulicht es meinen Standpunkt: Gleichmachen bedeutet: der Herrlichkeit berauben.

Nur eine Person

Nach einem Vortrag, den ich in einer Gemeinde in Boston hielt, kam eine Person (ich gebrauche bewußt dieses Wort) zu mir daherstolziert, die Hände in den Jeanstaschen vergraben, das kämpferische Kinn nach vorn geschoben und energisch ein Kaugummi bearbeitend.

»Wissen Sie, ich bin mit vielem, was Sie da sagen, nicht einverstanden.«

»In Ordnung! Sie müssen nicht mit mir übereinstimmen. Aber können Sie das ein wenig erläutern? Nennen Sie mir zwei Dinge, mit denen Sie nicht einverstanden sind!«

»Ja, ich weiß nicht, ich meine, zum Beispiel, wissen Sie, ich mag eben einiges von dem Zeug nicht, das Sie da über Frauen sagen.«

Ich hatte keine Zeit, den Unterschied zwischen nicht mögen und nicht übereinstimmen zu erklären. Ich stelle immer wieder fest, daß die Studenten in meinem Seminar beides oft verwechseln. Abneigung ist reine Geschmackssache. Niemand kann mit Geschmack argumentieren. Wenn man mit etwas nicht einverstanden ist, muß man es widerlegen. Man muß fähig sein, die Löcher in der Logik zu zeigen, und einen Fall anführen, der die Logik des andern zertrümmert. Aber ich ließ mich auf ihre Worte ein.

»Na gut! Sagen Sie mir, was sie nicht mögen?«

»Ja, zum Beispiel, wissen Sie, ich mag es eben nicht, von mir selbst, na ja, als *Frau* zu denken.« Das Kaugummi nahm eine entsetzliche Form an.

»Wirklich? Wie möchten Sie denn dann über sich denken?«

»Eben nur als Person, wissen Sie?«

Alles an dieser Frau bezeugte, daß sie sich abmühte. Sie tat ihr Bestes, keine Frau zu sein. Aber es war ein armseliger Anblick;

denn, denk einmal darüber nach, es gibt nicht so viele Möglichkeiten. Es gibt nicht so etwas wie eine geschlechtslose Person. Eine Person zu sein bedeutet, ein Mann oder eine Frau zu sein; deshalb wird sie wohl schließlich wie ein Mann gehandelt haben – wie ein ungehobelter obendrein.

Sie tat mir leid, Peter. Du kennst diesen Menschentyp. Wir haben darüber gesprochen und waren uns einig, daß es Tausende gibt, die wie sie betrogen wurden. Man hat sie dahin gebracht, daß sie das Gefühl hatte, Geschlechtlichkeit sei etwas, dessen man sich schämen müsse – und das im Zeitalter der »Freiheit«! Sie hat tatsächlich jenen manchmal sehr klugen, aber immer unlogischen Frauen Glauben geschenkt, die ihr erzählen, ihre Freiheit bestehe darin, möglichst so zu werden, daß man sie von Männern nicht mehr unterscheiden kann. Tu ihre Sache, scheinen sie zu sagen, das heißt: Tu, was Männer tun!

Das *Humanistische Manifest*, das von vielen der freimütigsten feministischen Führer unterzeichnet wurde, erklärt, daß keine Form des sexuellen Verhaltens zwischen Erwachsenen verboten werden sollte, auch sollten »die vielen Spielarten sexueller Erkundungen« nicht als schlecht betrachtet werden. Wörter wie ideal, normal, Männlichkeit und Weiblichkeit sind nach Meinung vieler Feministinnen der Freiheit abträglich, weil sie auf Haltungen der Intoleranz deuten, die das sexuelle Verhalten ungebührlich hemmen. Mit anderen Worten: ein Ziel der Erziehung in öffentlichen Schulen ist, Kindern – sogar Erstkläßlern – die »Freiheit« zu gewähren, sich für Bisexualität, Asexualität, Homosexualität oder Heterosexualität »zu entscheiden«. Die »Nationale Organisation der Frauen« ist entschlossen zu erreichen, was sie »volle Rechte für lesbische Frauen« nennt. Und die »Allianz homosexueller Lehrer« kämpft in Kalifornien darum, daß der Sexualunterricht an Grundschulen die homosexuelle Unterweisung einschließt. Gloria Steinem beklagte 1977 auf der Versammlung zum Internationalen Frauenjahr in Colorado, daß wegen des Mangels an Lehrern, die im Sexualunterricht die Rolle des Homosexuellen übernehmen könnten, die »Kinder ihrer vollen menschlichen Begabung beraubt werden.«

Kein Wunder, daß das arme Mädchen in Boston sich schuldig fühlte, weil es eine Frau war. Das Leben wäre doch so viel leichter, schien es ihm, wenn wir das Geschlecht vergessen könnten. Es wußte nicht, wohin es gehörte. Auch viele Männer wissen nicht, wohin sie gehören, und schon geraten wir in ein Dilemma.

Das Dilemma, in dem wir stecken

Vor einigen Monaten trafen sich hundertfünfzig Männer und Frauen in der Harvard Divinity School (einem katholisch-theologischen Seminar) zur Zweiten Konferenz der lesbischen und homosexuellen Seminaristen. Ein gewisser Brian McNaught erzählte die Geschichte seines »Wasserfastens«, des Versuchs, seinen Bischof wenigstens dazu zu bewegen, daß er die »Gleichberechtigung von Homosexuellen als Gottes Kinder« anerkannte, wenn er sie schon nicht ordinierte. Da taucht das Wort schon wieder auf! Wir würden zustimmen, daß unter den Kindern Gottes genauso Homosexuelle wie alle anderen Arten von Sündern sind – Paulus zählt eine ganze Liste davon in 1. Korinther 6 auf: Unzüchtige, Götzendiener, Ehebrecher, Wollüstlinge, Knabenschänder, Diebe, Habsüchtige, Trunkenbolde, Lästerer, Räuber. »Und solche sind einige von euch gewesen. Aber ihr seid reingewaschen ...« (1. Kor 6,11) Das ist die Bedingung! Ganz sicher würde kein gläubiger Christ ehemalige Homosexuelle aus der Gemeinde ausschließen wollen, wenn sie sich im Blut Jesu gereinigt haben und »... geheiligt sind ... gerecht geworden ... durch den Namen des Herrn Jesus und durch den Geist unseres Gottes.« Aber was jene Seminaristen forderten, war die Annahme und Gleichberechtigung praktizierender Homosexueller, egal, ob sie Buße tun würden oder nicht. Sie verlangten das Ausmerzen eines Unterschieds, der nicht nur gesellschaftliche, sondern für den Christen auch moralische Folgen hat. Denn gemäß dem Wort Gottes ist sexuelle Betätigung strikt auf die Ehe beschränkt. Wenn jemand sich zum gleichen Geschlecht hingezogen fühlt, dann ist er wie alle anderen, die nicht verheiratet sind, zur Ehelosigkeit verpflichtet.

Eine andere Frau auf derselben Seminaristenkonferenz »erfüllte uns mit Freude«, so schrieb Suzanne Searle, »als sie uns sagte, daß wir besser als irgend jemand sonst wissen, was die Fleischwerdung des Wortes bedeutet, weil wir sie täglich ausleben ... Wir, die Lesbierinnen und Homosexuellen der Kirche, sind Narren für Christus ... Wir sind ein Volk, ein starkes Volk, und ein großes Volk. Wer sich uns anschließen möchte, ist herzlich nach New York in diesem Frühjahr eingeladen.«

Die Argumente, die angeführt werden, um Homosexualität zu begünstigen, sind in einem satirischen Artikel von Mondy Morning, einer Zeitschrift für Pastoren, behandelt. Der Schreiber stellt sich eine Zeit in naher Zukunft vor, wo ein Kandidat zur Ordination vom Presbyterium abgelehnt wird, nur weil er unumwunden und stolz bekennt, die Vielweiberei zu praktizieren:

> Ich kann mir keine lieblosere und unchristlichere Handlung vorstellen als dieses Urteil. Man hat mich für »moralisch unfähig« erklärt, in der Vereinigten Presbyterianischen Kirche der Vereinigten Staaten von Amerika ein Lehramt zu übernehmen ... Es ist an der Zeit, daß wir, die am meisten vernachlässigte, unterdrückte, mißverstandene und verhaßte Minderheit in dieser ungerechten Gesellschaft volle Anerkennung und gleiche Rechte erhalten ... Ich bin zutiefst erschüttert über diese schroffe Verdammung durch den Leib Christi.
>
> Als ob drei oder auch vier Erwachsene nicht ein sinnvolles und dauerhaftes Liebesverhältnis haben könnten! Polygamie ist keine Promiskuität! ... Was die häufig zitierte Aussage des Apostels Paulus in 1. Timotheus 3,2 betrifft, ein Aufseher solle der »Mann einer Frau« sein, so kennen wir seine Probleme bei der Behandlung sexueller Fragen. Jedenfalls sind sich heute die meisten Gelehrten darüber einig, daß er sich wahrscheinlich auf einen besonderen Mißbrauch in einer speziellen Gemeinde bezog, der nicht auf alle Christen in jeder Situation zutrifft.
>
> Es ist an der Zeit, daß wir Polygamisten aus der Einengung ausbrechen und unsere Rechte fordern. Die Kir-

che sollte diesen Vorstoß zu einem neuen Zivilrecht anführen.

Der Schreiber des Artikels gab sich als monogam aus, der ein gutes Verhältnis zu seinen Presbytern habe. Wir mögen seine Satire belächeln – doch ihre genaue Erfüllung ist heute schon sichtbar ... Nur einen Monat, nachdem ich diesen letzten Satz geschrieben hatte, erfuhr ich von einer Organisation, die sich selbst christlich nennt und ernsthaft den Inzest als eine wertvolle »christliche Alternative« propagiert. Auch das Magazin Time druckte einen Artikel mit dem Titel »The Last Taboo« (Das letzte Tabu) ab, in dem berichtet wird, daß viele den Inzest nicht mehr für strafbar oder abnorm halten.

Seabury Press, das offizielle Verlagshaus der Episkopalkirche, hat vor kurzem ein Buch mit dem Titel »The Sex Atlas« (Der Sex-Atlas) herausgegeben, in dem der Autor Erwin J. Haeberle jede »Einmischung der Gesellschaft im Falle von sexuellem Verkehr zwischen Mensch und Tier« strikt ablehnt. Belästigung von Kindern und Inzest »sollten nur dann Verbrechen genannt werden, wenn sie ohne Einverständnis der Kinder geschehen.« Bei der Paarung eines Menschen mit einem Wasserbüffel sollen wir dann wohl annehmen, daß das Tier damit »einverstanden« war.

Es ist nur noch eine Frage der Zeit, bis Bücher mit Titeln wie »Ist der Päderast ... oder Ist der Polygamist mein Nächster?« von Autoren erscheinen, die sich evangelikal nennen. Die Antwort wird natürlich heißen: Ja! – Mein Nachbar braucht mich, wie der unter die Räuber Gefallene in Jesu Gleichnis den Samariter brauchte. Der Samariter schloß nicht wie der Priester seine Augen vor der Lage des Mannes und ging nicht an ihm vorüber, sondern erkannte, daß er Hilfe brauchte. Genauso sieht der Christ alle Männer und Frauen an. Sie müssen errettet werden. Ihnen ist nicht geholfen mit dem Gerede: »Bei mir ist alles in Ordnung, und bei Dir wird auch schon alles in Ordnung sein!« Die richtige Arznei (wie Öl und Wein im Gleichnis) muß zur Anwendung kommen.. »Das Blut Jesu ... macht uns rein von aller Sünde.«

Aber wenn die ursprüngliche, die lebenswichtige Unterscheidung zwischen Mann und Frau verlorengeht, werden wir schließlich auch keine Unterschiede im sexuellen Verhalten mehr erkennen. Das ist die logische Folgerung. Wenn Geschlechtlichkeit keine transzendente Bedeutung hat, dann ist es ganz egal, mit wem Du ins Bett gehst. Dann sind Promiskuität, Homosexualität, Inzest, Sodomie und jede andere Perversion erlaubt. Die einzig gültige Berechtigung, solch ein Verhalten zu verurteilen, beruht auf der Beziehung zwischen Mann und Frau, wie Gott sie vorgesehen hat.

Eine Lotrechte im Raum

Vor Jahren las ich einmal einen faszinierenden Bericht über fünf Männer, die acht Tage in einer Raumkapsel verbracht hatten. Was sie wegen der Schwerelosigkeit durchstehen mußten, machte mir spontan klar, wie wichtig es für uns ist zu wissen, wo oben und unten ist. Die Männer hatten keine »Lotrechte im Raum«, das heißt, keinen Bezugspunkt außer ihrem eigenen Körper; denn die Raumkapsel, in der sie waren, war ein Zylinder, der relativ zu ihnen »geneigt« war. Sie konnten nicht gehen, sie schwebten. Sie mußten sich von der Wand abstoßen in der Hoffnung, ungefähr dorthin zu gleiten, wo sie hin wollten. In diesem Zustand der Schwerelosigkeit konnten sie unmöglich baden, weil das Wasser nicht in der Badewanne blieb. Sie konnten nicht duschen, weil das Wasser nicht herabfloß. Es schwebte wegen der Oberflächenspannung in Form von Kügelchen herum, oder wenn es mit etwas in Berührung kam, bildete es wegen der Kohäsion an einer Oberfläche Halbkugeln. Tabletten ließen sich nicht so einfach aus einer Schachtel nehmen, und die Speise blieb nicht auf der Gabel liegen. Bücher entfalteten sich wie Blüten, die zotteligen Haare eines Mannes sahen aus wie ein »wilder Sandsturm«, und die Gesichter der Männer waren aufgedunsen, weil das Blut infolge der fehlenden Schwerkraft nicht zu den Füßen hinabgezogen wurde. Wenn sich einer der Männer rasieren wollte, mußte er sein Etui vorsichtig öffnen, damit nicht alles herausflog; und oft mußte er sich krampfhaft bemühen, sein Rasiermesser und seine Rasiercreme aus der Luft zu schnappen. Als ein Mann mit dem Schraubenzieher eine Schraube festziehen wollte, drehte die Schraube ihn. Sein ganzer Körper drehte sich im Kreise, während die Schraube sich überhaupt nicht bewegte.

Nichts ging so, wie es gehen sollte. Sogar die Sonne ging in vierundzwanzig Stunden sechzehnmal auf und unter.

Als man einen der Männer wegen der extremen Orientierungslosigkeit befragte, die sie in jenen endlosen Wochen erfahren hatten, sagte er: Ach, das ist so ekelhaft, daß ich nicht einmal darüber reden möchte. Man möchte, daß die Dinge ihre Ordnung haben.«

In Sprüche 19,10 heißt es: »Dem Toren steht nicht an, gute Tage zu haben, viel weniger einem Knecht, zu herrschen über Fürsten.«

Der Prophet Jesaja beschreibt den Tag des Herrn der Heerscharen als eine schreckliche Zeit, wo wegen Gottes Gericht Unordnung herrschen wird.
Helden und Kriegsleute, Richter und Propheten, Wahrsager und Älteste, Hauptleute, Männer von Rang und Ratsherren werden weggerafft werden, und Gott wird ihnen Knaben zu Fürsten geben« ... und Mutwillige sollen über sie herrschen ... Kinder sind Gebieter meines Volks, und Weiber beherrschen es. Mein Volk, deine Führer verführen dich und verwirren den Weg, den du gehen sollst.« (Jes 3,4.12)

Chaos! Aber klingt das nicht vertraut? Alles durcheinander! Diejenigen, die rechtmäßig Autorität besitzen, sind ihrer beraubt, während diejenigen, die normalerweise Untergebene sind, nun eine verantwortliche Stellung innehaben. Wir brauchen eine Lotrechte im Raum, einen Bezugspunkt, der von uns selbst verschieden ist – einen, der sich nicht verschiebt.

Die alte Geschichte

Mythen sind Geschichten, in denen erzählt wird, wie alles begann. Gewöhnlich meinen wir, das Wort mythisch bedeute dasselbe wie fiktiv, aber Mythen können auch historische Berichte sein. Wenn ich zum Beispiel sagte, der Bericht der Genesis über die Schöpfung und den Sündenfall des Menschen sei ein Mythos, dann würden einige Leser froh, andere aber aufgebracht sein. Ich sage in der Tat, daß es Mythen sind, freilich nicht im Sinne von Märchen, die irgendeiner Urvorstellung entspringen, sondern Geschichten – wahre Geschichten – über den Anfang. Und als solche bezeugen sie dem tiefsten Bewußtsein in uns, was es heißt, ein Mensch zu sein. Wir alle haben in uns das Bewußtsein, daß der Mensch sich radikal vom Tier unterscheidet, daß es weit wichtiger ist, ein Mann oder eine Frau zu sein, als kein Fell, keine Federn oder Flossen zu besitzen, und daß wir als rationale Geschöpfe auch Verantwortung haben. Dieses Bewußtsein wird durch die Schöpfungsgeschichte erklärt, die wie die ganze Bibel von Gott inspiriert ist. Wir erhalten durch sie unseren Sinn und finden in ihr unsere Lotrechte.

Wir sahen, was im ersten Kapitel der Bibel über den Anfang ausgesagt wird. Das zweite Kapitel der Bibel berichtet ausführlicher über die Erschaffung des Menschen. Wir erfahren, daß der Mann zuerst erschaffen wurde.

Ich besuchte einmal in Texas eine Klasse, in der sogenannte außergewöhnliche Kinder waren, nämlich Kinder mit Lernschwierigkeiten. Die Lehrerin hatte mich darauf vorbereitet, daß die Kinder normalerweise sehr schüchtern seien, wenn ein Fremder zugegen ist, aber sie versprach, ihr Bestes zu tun, daß die Kinder mit mir sprechen. Sie wußte, daß ich das gern wollte.

»Erzählt der Dame doch einmal«, sprach sie zu den Schülern, »woraus Gott den ersten Menschen machte.«

»Dreck!« rief ein kleiner Junge.

»Gut! Und was machte er dann?«

»Er blies Sinn in ihn hinein!« rief ein anderer.

Eine lebhafte Übersetzung! »Da machte Gott der Herr den Menschen aus Erde vom Acker und blies ihm den Odem des Lebens in seine Nase ...« (1. Mose 2,7)

Wir könnten aus allem, was wir bisher über die beiden Geschlechter gelernt haben, folgern, daß sie »gleich« sind mit Ausnahme eines (kleineren?) Details der Standard-Ausrüstung zur Vermehrung, das, wie wir verstehen können, differenziert werden mußte, aber nur, damit es funktionierte. Sonst hatte es keine Bedeutung.

Wirklich nicht? Wir sollten besser auf einige Einzelheiten in diesem zweiten Kapitel achten. Sie lehren uns einige Fakten, die ein viel tieferes Geheimnis in diesem Bereich der Geschlechtlichkeit vermuten lassen, als man vielleicht im ersten Kapitel wahrgenommen hat. Diese Fakten weisen auf das hin, was ich die lebenswichtigen Gemeinsamkeiten nenne.

Alles, was Gott machte, erschien ihm gut oder sehr gut, bis er zu etwas Besonderem kam. Er hatte den Mann in seinem Bilde erschaffen, hatte »Sinn in ihn geblasen«, ihn in einen Garten gesetzt und ihm Arbeit gegeben, ihn mit Nahrung versorgt, ihn über die eine Gefahr unterrichtet und dann »bemerkt«, wenn wir dies Wort gebrauchen dürfen, daß eines nicht gut war. Es war nicht gut, daß der Mann allein war. Er brauchte einen zu ihm passenden Helfer (und bitte nicht, Peter, eine Gehilfin!). Dann brachte Gott der Herr Tiere des Feldes und Vögel des Himmels, die er »aus dem Erdboden« gemacht hatte, zu dem Manne, »um zu sehen, wie er sie nennen würde.« Ich stelle mir lebhaft vor, wie Gott ein Tier nach dem anderen zu Adam brachte und wartete, bis Adam sich Namen für sie ausgedacht hatte. Was immer er sich ausdachte, Gott war damit zufrieden. Aber in dem ganzen Zoo, von der Eidechse bis zum Zebra, gab es keinen einzigen Helfer, der Adam wirklich entsprach. Es gab kein Tier, das den Besonderheiten des Mannes angemessen war.

Deshalb schuf Gott einen Helfer, der dem Manne entsprach. Er ließ Adam in tiefen Schlaf fallen und nahm eine seiner Rippen, schloß die Stelle mit Fleisch und schuf aus der Rippe eine Frau.

Es gibt da noch ein weiteres Bild, auf das ich eingehen möchte: die Vorstellung. Gott brachte dieses brandneue Geschöpf zu Adam, und Adam erkannte es sofort als zu ihm gehörig. Die Geschichte ist an dieser Stelle sehr kurz, viel zu kurz für meine Begriffe. Ich hätte gern etwas Näheres darüber gewußt, wie beide genau aussahen, wie sich Eva dem Adam näherte, wie er sie anschaute, was er dachte, und ob Gott etwas sagte, als er sie Adam vorstellte. Doch wir wissen alles, was wir wissen müssen. Adam gab ihr einen Namen. Er nannte sie »Frau« – ishshah im Hebräischen, weil sie vom Mann, ish, genommen war.

In dieser kleinen Geschichte, die nur siebzehn Verse umfaßt, können Mann und Frau ihre »Lotrechte« finden. Vier äußerst wichtige Ereignisse zeigen, wo die Frau in bezug zum Manne steht. Ich sehe darin, wer ich als Frau bin und wer Du als Mann bist.

1. Sie wurde für den Mann gemacht. Den Besonderheiten entsprechend war sie von Gott dazu bestimmt, seine Bedürfnisse genau auszufüllen – ihm angemessen zu sein und auf ihn einzugehen.
2. Sie wurde aus dem Manne gemacht, buchstäblich, aus einer seiner Rippen erbaut. Er war der Grund ihres Seins, ihre Quelle, ein Wort, das im griechischen Neuen Testament auch »Haupt« bedeutet. Wenn man die Aussage von 1. Mose 2 nicht erfaßt hat, kann man in 1. Korinther 11, 8.9 nachschlagen: »Denn der Mann ist nicht von der Frau, sondern die Frau von dem Mann. Und der Mann ist nicht geschaffen um der Frau willen, sondern die Frau um des Mannes willen.«
   »Na ja«, hat man mir gesagt, »Sie deuten die Dinge eben auf Ihre Art. Es gibt eine Menge anderer Auslegungen.«
   Wirklich? Dann nennen Sie mir doch drei Beispiele!
3. Sie wurde zum Manne gebracht. Gott machte Eva dem Adam zum Geschenk, nicht den Adam der Eva. Sie gehörte ihm.
4. Sie erhielt vom Manne ihren Namen. Im alten Testament war

die Vollmacht, jemanden zu benennen, äußerst wichtig. Es bedeutete die Übernahme von Verantwortung. Der Mann nahm Verantwortung auf sich.

Das ist die alte Geschichte.

Zu wunderbar für Salomo

Auf die alte Geschichte folgt ein Darum. Die einfachen Tatsachen sind voller Bedeutung. Daß dieser Mann und diese Frau auf diese Weise erschaffen und zusammengebracht wurden, bedeutet die göttliche Einsetzung der Ehe. Die Konsequenzen dieser Einsetzung werden in dem Satz angedeutet, der unmittelbar auf die Geschichte folgt: »Darum wird ein Mann seinen Vater und seine Mutter verlassen (Verzicht) und seinem Weibe anhangen (die Aufrichtung einer neuen und beständigen gesellschaftlichen Einheit), und sie werden sein ein Fleisch (völlige und unauflösliche Vertrautheit).« (1. Mose 2,24)

Mann und Frau wurden getrennt erschaffen, um sich vereinigen zu können. Diese Vereinigung erforderte eine weitere Trennung, jetzt von den Eltern. Mann und Frau sind dann nicht mehr zwei, sondern »ein Fleisch«, wie Jesus den Pharisäern erklärte (Mt 19,5). Gott hat sie vereint.

Das ist gar nicht so einfach, Peter. Manchmal hört man die Leute sagen, daß die Geschlechtlichkeit eine »völlig natürliche Angelegenheit« sei, womit sie meinen, sie sei nicht anders oder nicht wichtiger als Essen und Trinken. Sie irren sich gewaltig. In der gesamten Geschichte gab es Menschen, die wußten, daß hier eine ganze Menge mehr auf dem Spiel steht als bei anderen »natürlichen Trieben«. Deshalb wurde die Geschlechtlichkeit immer mit Zeremonien und Sanktionen, Vorschriften, Tabus und Geheimniskrämerei umgeben.

Ich fand heraus, daß Auca-Indianer sehr oft und sehr frei über alle körperlichen Betätigungen sprachen, nur nicht über die Geschlechtlichkeit. Sie sprachen schon auch über das Geschlecht, aber auf ganz andere Weise. Sie bezogen sich nicht auf ihre eigenen Betätigungen. Sie machten Scherze über das vermeintliche Geschlechtsleben von jedem anderen und lachten sich krank über die angebliche Zusammenkunft von irgend jemanden mit einer Baumkröte oder einem Tukan, aber sie kümmerten sich nicht ernsthaft darum, was wirklich geschehen war und verrieten auch ihre eigenen Tricks nicht.

Wer auch nur einige Minuten über Geschlechtlichkeit nachdenkt, begreift, daß es sich hier um ein Geheimnis handelt. Wer versteht wirklich alles, was mit dem Verzicht, der neuen Einheit und Intimität verbunden ist? Wer vermag die Dynamik zwischen einem Mann und einer Frau zu erklären? Salomo, der weiseste Mensch, der je gelebt hat, bekannte seine eigene Ohnmacht:

> Drei sind mir zu wundersam,
> und vier verstehe ich nicht:
> des Adlers Weg am Himmel,
> der Schlange Weg auf dem Felsen,
> des Schiffes Weg mitten im Meer
> und des Mannes Weg beim Weibe. (Spr 30,18.19)

Auch der Apostel Paulus gestand ein, daß die Ehe viel mehr enthält, als er sich vorstellen konnte. Doch davon später.

Einige Feministinnen schätzen die Ehe so ein, als ob sie eine teuflische Erfindung wäre. »Wir müssen die Institution der gesetzlichen Ehe reformieren und abschaffen«, sagte Gloria Steinem. In der Erklärung zum Feminismus, die 1972 in Minneapolis abgefaßt wurde, hieß es: »Die Ehe hat zum Vorteil des Mannes bestanden. Das Ende der Institution Ehe ist eine notwendige Bedingung für die Befreiung der Frauen. Wir müssen dafür sorgen, daß sie zerstört wird.«

Vor kurzem beschrieb Germaine Greer in einem Fernsehinterview, was sie ihr »gesetzeswidriges Geschlechtsleben« nannte, und fuhr fort: »Die Ehe sollte ein sozioökonomischer Vertrag sein. Jemanden zu heiraten, den man liebt, ist verrückt.« Als Dick Cavett sie fragte, ob sie auch etwas Gutes über die Ehe sagen könnte, antwortete sie: »Hoffnungslos!« Wie steht es mit Gott? Sie ließ keinen Zweifel darüber, was sie über dieses Thema dachte. »Ich glaube nicht an Gott. Wenn es einen Gott gibt, dann mag ich ihn nicht – ich meine, die Vorstellung.

Er und ich stehen auf verschiedenen Seiten. Ich würde mit ihm im Guerillakrieg liegen. Wenn es ihn wirklich gibt, was zum Teufel macht er denn?«

Solche Frauen lassen sich ganz einfach gehen. Doch es gibt Frauen, die ihnen blind folgen in der Hoffnung, daß sie Freiheit und Erfüllung erhalten. Die furchtbare Wahrheit ist aber, daß ihnen Bindung und Zerstörung angeboten werden; denn sie wollen uns alle – Männer wie Frauen – jedes Geheimnisses und letztlich unseres wahren Menschseins berauben. Man kann nicht Mensch sein, ohne ein geschlechtliches Wesen zu sein. Man kann nicht Mensch sein und nicht im Bilde Gottes gemacht sein. Man kann nicht Mensch sein und kein Träger eines Geheimnisses sein. Man kann nicht Mann in bezug zur Frau sein und nicht ganz dicht an eines der allertiefsten Geheimnisse herankommen.

Nichts Schmeichelhaftes

Die alte Geschichte ist nicht nur ein Märchen, das man beim Lagerfeuer erzählt: »Es war eine dunkle, stürmische Nacht ...« Sie hat etwas mit unserer augenblicklichen Situation zu tun, mit etwas Umfassendem, Geheimnisvollen, das dennoch unleugbar vorhanden ist. Sie ist der Schlüssel zum Wesen der Dinge.

Wir alle stehen in der Versuchung, die Dinge nur oberflächlich zu betrachten und zu meinen: »Es ist nichts als dies oder das«, und sie zu bloßen Gegenständen ohne »Innenleben« zu degradieren. Dieses »Nichts Schmeichelhaftes«, wie jemand es nannte, ist ganz einfach schändlich. Ich meine nicht nichtig. Ich meine, etwas als bedeutungslos ansehen, was voller Bedeutung ist. Den Namen Gottes zu »mißbrauchen« – gedankenlos zu nennen – ist schändlich.

Männlichkeit und Weiblichkeit werden schändlich behandelt. Ich kann sie nicht einfach ein für allemal festlegen oder alle Auswirkungen bis ins letzte darlegen oder im einzelnen vorschreiben, wie sie heute, am Ende des zwanzigsten Jahrhunderts, aussehen sollten. Sie sind, ich gebe es zu, schwer faßbare Symbole. Ich kann nur versuchen, Dich in Deiner Überzeugung zu bestärken, daß Deine Ahnungen und Intuitionen und Dein undeutliches Bewußtsein von der Wichtigkeit der Unterscheidung der Geschlechter richtig ist. Vielleicht sind es nur Blasen, die zur Oberfläche aufsteigen, aber es gäbe keine Blasen, wenn nicht auf dem Grund etwas vorhanden wäre. Es gibt dort unten etwas, das für Deine menschliche Natur und Deine Identität als Mann unendlich viel wichtiger ist, als es vielleicht irgendeine rechtliche oder gesellschaftliche Stellung sein könnte. Es gab eine Zeit, wo wir dies als gegebene Tatsache annehmen konnten, obwohl uns dies gewöhnlich nicht bewußt war. Es war etwas, das man mehr glaubte als man es verstand. Aber mit den vielen wilden Absurditäten, die uns heute serviert werden, ist die Zeit gekommen, daß wir herausfinden müssen, ob es wirklich »nichts als« ein anatomisches Detail ist.

Man spricht sehr viel über Scheidung, Abtreibung, »Heirat« Homosexueller, über Ordination von Frauen oder Homosexuellen und die Rolle von Männern und Frauen in der Kirche und zu Hause. Leider vergeudet man damit viel Zeit, weil die vorrangige Frage nie gestellt wird. Versuch es mal bei Deinen Freunden, Peter! Stell ihnen mal die wichtige Frage: »Ist Geschlechtlichkeit mehr als Biologie?« Sie werden Dich einen Augenblick entgeistert anschauen und fragen: »Mann, wo kommst Du her?« »Aber ich meine es ernst. Bedeutet es etwas?« Sie werden nicht verstehen, wovon Du eigentlich sprichst, obwohl die meisten von ihnen über alles, was mit diesem Thema zusammenhängt, eine ganz klare Meinung haben. Du brauchst nur die Möglichkeit eines Geheimnisses zu erwägen, und du wirst sehen, wie überrascht sie reagieren werden.

Kein Wunder, daß es unwesentlich scheint, ob Familien überleben oder sich auflösen, ob man mit Männern oder Frauen ins Bett geht, ob Ehemänner die Führung in der Ehe übernehmen oder Frauen »die Hosen anhaben«. Die Schändlichkeit hat uns sorglos gemacht. Wie die Männer in der Raumkapsel schweben wir, wo kein Gesetz mehr gilt, und wissen nicht, wo oben ist.

Männlichkeit heißt Initiative ergreifen

Gott ist so männlich«, schrieb C. S. Lewis, »daß die ganze Schöpfung dagegen weiblich ist.« Die Erde hat man sich immer schon weiblich vorgestellt – als Mutter Erde oder Mutter Natur. Die Sonne denkt man sich normalerweise männlich, oft als einen Gott. Die Erde nämlich empfängt, man wirkt auf sie ein, und sie gibt als Frucht zurück, was in sie gepflanzt wurde, während die Sonne von der Erde nichts erhält, sondern in ihrer Kraft auf sie herabscheint und ihr das Leben gibt. Hier haben wir das uralte, tief eingeprägte menschliche Bewußtsein von Männlichkeit und Weiblichkeit.

Die Natur, die draußen vor meinem Fenster ist, während ich schreibe – der Atlantische Ozean –, scheint heute alles andere als weiblich zu sein. Obwohl die Sonne an diesem Wintertag grell scheint, ist weit draußen auf dem Meer ein gewaltiger Sturm, wie der Wetterbericht meldete, und darum toben die Wellen und schlagen gegen die riesigen Felsen unterhalb des Hauses, galoppierend wie Rosse mit gesenktem Haupt und weißer wehender Mähne; so stürmen sie in die Felsen hinein, bäumen sich auf zum Sprung, um dann in wallende Federn und Wolken und Gischt zu explodieren. Während das Wasser zurückgesaugt wird, wirbelt Schaum auf, ergießen sich tausend Ströme die Felswand hinab, und dann ist es einige Sekunden still, als ob die See den Atem anhält vor dem nächsten Kavallerieangriff. Die Wucht, der Donner und die Angriffslust sind für mich männlich. Wenn jemand meint, sie seien nur für mich männlich, und auch nur wegen der üblichen Vorurteile, dann möchte ich ihn auf die Dichtung, auf Legenden, Mythen und die Geschichte hinweisen. Und natürlich auf die Bibel. Gott wählte Bilder der Stärke in der Natur – von denen eins das Meer ist –, um sich darin selbst darzustellen:

... Ich ... will viele Völker gegen dich heraufführen, wie das Meer seine Wellen heraufführt. Die sollen die Mauern von Tyrus zerstören und seine Türme abbrechen; ja, ich will sogar seine Erde von ihm wegfegen und will einen nackten Fels aus ihm machen. (Hes 26,3.4) ... die Wasserwogen im Meer sind groß und brausen mächtig; der Herr aber ist noch größer in der Höhe. (Ps 93,4)

Doch sogar das Meer, so mächtig es auch ist, ist Gott untertan. Das Meer ist sein, und er hat es gemacht. Es erhält seine Existenz und seine täglichen Befehle von dem Schöpfer und Erhalter der Welt. Gott ist der Urheber (Initiator). Und Männlichkeit bedeutet im Grunde genau dies: Initiative ergreifen. Die ganze Schöpfung reagiert auf Gottes »Initiative«. Mehr kann die Schöpfung nicht tun.

Das Prinzip der Initiative wird deutlich in der Geschichte von Adam und Eva illustriert. Sogenannte Wunschvorstellungen von Männlichkeit sind tiefer als Stereotypen. Stereotypen haben mit der Oberfläche der Dinge zu tun. Es sind feste und konventionelle Vorstellungen davon, wie die Leute angeblich aussehen und sich verhalten.

»Wir wollen von den Stereotypen loskommen«, sagen die großen »Befreier«. »Stereotypen hindern uns. Sie sind durch die Gesellschaft bedingt.«

Ich stimme dem zu. Womit ich nicht übereinstimme, ist die Meinung, Männlichkeit sei bloß stereotyp. Viele unserer Vorstellungen sind genaue Spiegelbilder von Archetypen – Formen von stark emotionalem Charakter, die in gewisser Weise die innere Struktur der Welt widerspiegeln. Sie sind ursprüngliche Modelle oder Muster, aus denen alle anderen Dinge der gleichen Art gemacht sind, also alles andere als gesellschaftlich bedingt.

Psychologen beschreiben manchmal den Glauben an Gott den Vater als einfache Projektion des stereotypen Vaters. Ihnen scheint niemals in den Sinn gekommen zu sein, daß, wenn zwei Dinge sich ähneln, man fragen sollte, ob das erste eine Kopie des zweiten oder das zweite eine Kopie des ersten ist. Warum sollte es nicht mindestens genauso logisch sein anzunehmen, daß menschliche Väter Kopien des Originals sind? Wer die Bibel als Maßstab nimmt, sieht Gott als Archetyp an. Von ihm sind alle Vorstellungen darüber, wie Väter sein sollten, abgeleitet.

Bloße Stereotypen zu beseitigen, weil sie nutzlos oder hinderlich geworden sind, kann sehr heilsam sein. Aber wenn wir in dem Bemühen, sie loszuwerden, fälschlich angreifen, was wirklich ein Archetyp ist, geraten wir in große Schwierigkeiten. Wir hatten versprochen zu befreien und zu erleuchten, aber statt dessen haben wir letzlich nur die Wahrheit über unsere geschlechtliche Natur beschränkt und verdunkelt.

Gott ist der Initiator. Die Fürwörter, die Namen und die Bilder, die er für sich selbst wählte, sind zum größten Teil männlich. Dem Mann Adam übertrug er die Stellung des Initiators. Ich schließe das aus der chronologischen Reihenfolge der Schöpfung. Adam wurde zuerst gemacht, dann Eva.

Ich würde nicht wagen zu behaupten, daß dies Adams Vollmacht über Eva beweise, wenn das alles wäre, was wir zum Beweis anführen könnten. Die chronologische Reihenfolge könnte in der Tat »beweisen«, daß die Meerestiere Vollmacht über Adam hätten, weil sie gemäß Genesis 1 vor ihm erschaffen wurden. Aber wir haben eine Deutung des Neuen Testaments, die aufschlußreich ist. Der Grund, warum Paulus der Frau keine Vollmachtstellung über den Mann einräumt, beruht auf der Reihenfolge der Schöpfung und auf der Reihenfolge, in der Mann und Frau sündigten.

Es gibt weitere triftige Gründe dafür, daß Männlichkeit Initiative bedeutet. Ehe wir darauf eingehen, müssen wir wissen, was Weiblichkeit bedeutet.

Weiblichkeit heißt antworten

Eva wurde zu einem ganz bestimmten Zweck erschaffen. Gott sah, was Adam brauchte, und bildete die Frau so, daß sie in jeder Weise genau zu Adam paßte. Wenn Du die richtige Frau heiraten möchtest, Peter, dann mußt Du Dir eine suchen, die bereit ist, sich Dir anzupassen. Glaube aber nicht, daß Du stocksteif bleiben kannst. Wenn zwei Menschen Tag und Nacht zusammen leben, ein ganzes Leben lang, müssen beide geben und nehmen; und ich werde darüber später noch mehr sagen. Aber wenn Du eine Frau findest, die bereit ist, dorthin zu gehen, wo Du hingehst, und zu tun, was Du tust, ohne auf »ihre persönlichen Wünsche« zu pochen, dann hast Du einen Schatz gefunden. Sie wird zuallererst eine Frau sein müssen, die sich selbst Gott ergeben hat; denn sonst wird sie auf die beharrlichen Stimmen um sie herum achten, die ihr sagen, daß sie unabhängig und selbständig sein muß, daß sie nicht »nur« irgend jemandes Frau oder Mutter sein sollte, daß sie für sich selbst Erfüllung suchen soll und daß diese nur jenseits der Bindungen der Familie zu finden ist. Wenn sie sich Gott untergeordnet hat und versteht, daß Gott die Frau schuf, damit sie antwortet – so daß Mann und Frau erfüllt sind –, dann wird sie sich mit dieser Regelung zufriedengeben.

Ihre Weiblichkeit beschränkt sich nicht nur darauf, daß sie für den Mann gemacht ist, sie ist auch aus ihm gemacht. Ihre Existenz hing davon ab, daß er zuerst da war. Aber dann hätte es nie einen zweiten Mann gegeben, wenn es keine Frau gegeben hätte. Paulus sagt es ganz deutlich: »Doch in dem Herrn ist weder die Frau etwas ohne den Mann noch der Mann etwas ohne die Frau; denn wie die Frau von dem Mann, so kommt auch der Mann durch die

Frau; aber alles von Gott« (1. Kor 11,11.12) – eine Wiederholung dessen, daß alle Schöpfung im Vergleich zum Schöpfer »weiblich« ist.

Es ist für Dich als Mann, Peter, ganz wichtig, daran zu denken, daß eine Frau eigentlich nicht »antworten« kann, wenn der Mann nicht der richtige »Initiator« ist. Er muß die Führung übernehmen, damit sie folgt, wie beim Tanzen. Die Bereitschaft von beiden, die »Schritte« auszuführen, die vorgeschrieben sind, gibt dem anderen erst Freiheit.

Im Neuen Testament wird für die Stellung der Frau das Wort hypotatto gebraucht, was »darunterstellen, sich unterordnen, unterwerfen, unter den Einfluß von etwas bringen« bedeutet. Es wird von den Geistern der Propheten gebraucht, die den Propheten untertan sind, und von der ganzen Schöpfung, die Christus unterworfen ist. Jesus war als Knabe seinen Eltern untertan, hier steht dasselbe Wort, das auch für die Dämonen gebraucht wird, die den Jüngern in Jesu Namen untertan waren. Es hat etwas mit der Veranlagung zu tun. Es besagt keinesfalls, daß der eine weniger wert ist, genausowenig, wie man schließen kann, daß die Engel mehr wert seien als Jesus, weil er eine Zeitlang als Mensch eine Stellung innehatte, die »niedriger gewesen ist als die (der) Engel« (Hebr 2,9) war. (Er hatte in der Tat freiwillig diese Stellung eingenommen, was dazu führte, daß er »einen Namen über alle Namen« erhielt.)

Eine junge Frau erzählte mir, wie sehr sie darüber verärgert war, daß sie sich ihrem Ehemann unterordnen sollte. Sie dachte vor allem, daß diese Ansicht für die Frauen erniedrigend sei. Sich unterordnen hieße weniger wert sein. Als sie dann die Herrschaft Christi in ihrem Leben anerkannte, begriff sie schließlich, daß Unterordnung unter ihren Ehemann einer der Untertitel dieser Herrschaft Christi war. Sie hatte keine Schwierigkeiten mehr, sich unterzuordnen, nachdem sie ihr Leben grundsätzlich unter die Vollmacht Christi stellte.

Wenn ein Mann versucht ist, seine Selbstsucht oder sein autoritäres Gebaren und seine Tyrannei damit zu entschuldigen, daß die Frau untertänig sein soll, dann wird er sicher einhalten, wenn er an den Überbau denkt – daß nämlich die Frau sich eigentlich Christus unterwirft, wenn sie sich dem Manne unterordnet –, und durch die Gnade Gottes milde gestimmt werden.

Wenn der Ehemann sein Geschenk der Initiative als Vorrecht betrachtet statt als Recht, und wenn die Ehefrau ihr Geschenk des Antwortens ebenso auffaßt statt als Verpflichtung, werden beide vielleicht überrascht sein, daß Jesu Verheißung in ihrem Leben wahr wird: Das Joch erweist sich als sanft und die Last als leicht.

Die Absicht

Einen weiteren Hinweis auf die Bedeutung der Männlichkeit und Weiblichkeit finden wir in der strukturellen Absicht. Weil für uns Christen die Welt nicht trübe ist, sondern von der Herrlichkeit durchwoben (»geladen mit der Pracht Gottes«, wie Gerard Manley Hopkins sagt), ist für uns auch der Stoff der Welt – alle physische Materie – mit Bedeutung geladen. »Die Himmel erzählen die Ehre Gottes, und die Feste verkündigt seiner Hände Werk.«

»Denn Gottes unsichtbares Wesen, das ist seine ewige Kraft und Gottheit, wird seit der Schöpfung der Welt ersehen aus seinen Werken, wenn man sie wahrnimmt ...« (Röm 1,20) Gott offenbart uns auch heute noch geistliche Wahrheiten durch physische Dinge, wenn wir nur Augen haben, um sie zu sehen. »Bilder des Wahren« nannte sie Amy Carmichael von Indien. »Alles bedeutet etwas«, sagt Thomas Howard in Chance or the Dance? (Zufall oder ein Tanz?).

Aber wir sehen nicht immer gut. Jesus wehrte sich gegen das, was ich Schändlichkeit nannte: das Unvermögen der Leute, die Dinge nicht nur unter einem Aspekt zu sehen. Als Jesus mit der Samariterin am Jakobsbrunnen sprach, hielt sie das Wasser, das er verhieß, nur für eine Art magisches Wasser, das sie für immer von der Plackerei befreien würde, Wasser aus dem Brunnen zu schöpfen. Nein, sagte Jesus zu ihr, es ist etwas anderes: Wasser des Lebens. Als er vom Brot sprach, konnten die Jünger nur an gewöhnliches Brot denken. Nein, sagte er zu ihnen, es ist das Brot des Lebens. Als er vom Tempel sprach, dachten die Juden an den Tempel von Jerusalem, aber er meinte seinen Leib. Wir sind »von der Erde, irdisch«, und unser geistiges Auge ist oft verdunkelt. »Gott liebt die Materie«, sagt C. S. Lewis. Wir auch, aber wir sind nicht immer sicher, ob wir es tun sollten. Wir meinen leicht, daß Materie dem Geist entgegensteht, obwohl sie doch das von Gott vorgesehene Vehikel des Geistes ist – das Mittel, durch das wir erkennen, wenn wir nur unsere Augen dem öffnen, was es bedeutet.

Der physische Körper sollte uns einiges sagen. Oft wird in der Bibel der Leib (vor allem die Zunge, die Augen, Ohren und Hände) erwähnt, um geistliche Dinge zu veranschaulichen. In Jesaja 50, Vers 4 heißt es: »Gott der Herr hat mir eine Zunge gegeben, wie sie Jünger haben, daß ich wisse, mit dem Müden zu rechter Zeit zu reden. Alle Morgen weckt er mir das Ohr, daß ich höre, wie Jünger hören.« In Psalm 19, Vers 9 steht: »Die Gebote des Herrn sind lauter und erleuchten die Augen.« Die Männer sollen an allen Orten beten und »aufheben heilige Hände ohne Zorn und Zweifel«. (1. Tim 2,8) Das Herz wird in der ganzen Bibel als Quelle unserer Handlungen – als Ort des Willens – angesehen.

Die Menschen kommen mit einer »Standardausrüstung« zur Welt. Mann und Frau haben Zunge, Augen, Ohren, Hände, ein Herz. Aber es gibt auch Ausrüstung, die verschieden ist: die Fortpflanzungsorgane. Ihre Funktion ist klar genug. Sie sind unbestreitbar für »Einführung« und »Aufnahme« geplant. Ist es unvernünftig, tiefer zu loten, über die zeitliche Funktion hinaus, und zu erkennen, daß auch sie ein Zeichen ist? Dürfen wir daraus wie aus der Reihenfolge der Schöpfung nicht auf die Bedeutung der Männlichkeit schließen, nämlich Einführung oder Initiion, und auf die der Weiblichkeit, nämlich Erwiderung oder Antwort? Das ist der zweite Schlüssel.

Nummer eins war die Reihenfolge.

Nummer zwei ist die Absicht.

Göttliches Bildnis

Aber es gibt noch einen Hinweis, und zwar einen starken, daß die Rolle des Initiators eine streng männliche ist. In seiner Beziehung zu seinem Volk Israel nennt Gott sich den Bräutigam und Israel die Braut. »... wie sich ein Bräutigam freut über die Braut, so wird sich dein Gott über dich freuen.« (Jes 62,5) Hesekiel vergleicht das Volk Israel mit einem unerwünschten Kind, das ungewaschen und nackt aufs offene Feld geworfen wurde, das der Herr fand, vor dem Sterben errettete und aufzog.»Und ich ging an dir vorüber und sah dich an, und siehe, es war die Zeit, um dich zu werben. Da breitete ich meinen Mantel über dich und bedeckte deine Blöße. Und ich schwor dir's und schloß mit dir einen Bund, spricht Gott der Herr, daß du solltest mein sein.« (Hes 16,8) Das ist ein deutliches Bild von jemandem, der findet und sorgt und wirbt und hegt und »gattet«. Gatte sein bedeutet ursprünglich einfach »aufziehen« oder »Sorge für etwas tragen«.

Im Neuen Testament wird dieses Bildnis wiederholt bei der Beschreibung und Beziehung von Christus und der Gemeinde. Er ist der Bräutigam. Wir gläubigen Männer und Frauen, die wir seine Gemeinde bilden, werden seine Braut genannt. Wir sind alle, wie Lewis es sagt, »vergleichsweise weiblich«. Die Braut wird in der Offenbarung (21, 2.3.4) mit der Heiligen Stadt, dem Neuen Jerusalem, gleichgesetzt. Johannes sieht die Stadt »... von Gott aus dem Himmel herabkommen, bereitet wie eine geschmückte Braut für ihren Mann«, und er hörte eine große Stimme sagen: »... Siehe da, die Hütte Gottes bei den Menschen! Und er wird bei ihnen wohnen, und sie werden sein Volk sein, und er selbst, Gott mit ihnen, wird ihr Gott sein; und Gott wird abwischen alle Tränen von ihren Augen ...« Daß der allmächtige und ewige Gott uns erwählen würde und uns zu seiner Braut zubereiten und zu sich an seinen Wohnort nehmen und sich dann darauf beschränken würde, mit uns zu leben und sich unserer Bedürfnisse liebevoll anzunehmen – welch eine Beschreibung ewiger Liebe! Und welch eine Lektion, Peter, für Bräutigame!

Ich wurde gebeten, an einer Tagung in Virginia über die Rolle von Mann und Frau in der Gemeinde teilzunehmen. Als ich darauf hinwies, daß Gott als Bild für sich in der Schrift den Bräutigam gewählt habe, protestierte ein Tagungsteilnehmer. »O«, sagte er, »ich glaube, das spielt überhaupt keine Rolle.«

»Glauben Sie wirklich, Gott hätte sich genauso gut als Braut darstellen können und die Gemeinde als Bräutigam?«

»Natürlich!« sagte er. »Das ist nur bildlich zu verstehen.«

Ich dachte immer, bildliche Sprache bedeutete etwas. Ich dachte, sie vertrete ein Konzept im Sinne eines anderen, das ihm ähnlich ist. Ich denke noch immer so. Diese bildlichen Redewendungen sind nicht für nichts gewählt worden. Gerade dann, wenn die gewöhnliche Sprache nicht ausreicht, um tiefgründige Dinge auszusprechen, wendet man die bildliche Sprache an. Die Bilder stehen für etwas sehr Wichtiges über Gott.

Einige werden hier einwenden, daß es auch weibliche Sprachbilder in bezug auf Gott gibt: Jesus gebrauchte das Bild der Henne und ihrer Küken, als er davon sprach, daß er Jerusalem »unter seinen Flügeln« versammeln wollte. »Ich will euch trösten, wie einen seine Mutter tröstet« (Jes 66,13), aber dies bezieht sich auf sein Trösten des Volkes Israel *durch* Jerusalem. In diesem Fall ist Jerusalem wie eine Mutter: »Freut euch mit Jerusalem und seid fröhlich über die Stadt, alle, die ihr sie liebhabt! Freuet euch mit ihr, alle, die ihr über sie traurig gewesen seid. Denn nun dürft ihr saugen und euch satt trinken an den Brüsten ihres Trostes ...« (Jes 66,10.11).

Man könnte noch andere Verse zitieren, aber ihre Zahl ist klein im Vergleich zu denen, die eindeutig Männliches Vertreten. Wir erwähnen auch, daß für Gott ausschließlich das männliche Personalpronomen gebraucht wird.

Bei einer Versammlung (sie nannten es Ausschuß) evangelikaler Frauen vor einigen Jahren war das Eröffnungslied »entmännlicht« worden. Statt »Lieber Herr und Vater der Menschheit« sang man »Liebe Mutter/Vater von uns allen«. Herr und Menschheit wurden als sexistische Begriffe ausgemerzt. Vater wurde nur akzeptiert, wenn Mutter vorausging. Dies ist eine bewußte Verwerfung der inspirierten Offenbarung Gottes. Man sagt damit, daß auch Jesus gelogen hat, als er von sich behauptete, das Bild des Vaters zu sein.

Einige behaupten, Jesus habe sich nur deshalb auf diese »sexistischen« Begriffe eingelassen, damit er nicht die Juden beleidigte, deren patriarchalische Gesinnung von vornherein eine so revolutionäre Ansicht wie die Gleichheit von Mann und Frau ausschloß. Es ist dies ein verzweifeltes und fadenscheiniges Argument, um das mindeste zu sagen. Jesus hat immer eine klare Stellung bezogen. Er sagte folgenschwere revolutionäre Dinge: »Wer sein Leben verliert, wird es finden«, »Liebet eure Feinde«, »Wer aber zu seinem Bruder sagt: Du Nichtsnutz!, der ist des Hohen Rats schuldig; wer aber sagt: Du Narr!, der ist des höllischen Feuers schuldig.« (Mt 5,22) »Von außen scheint ihr vor den Menschen fromm, aber innen seid ihr voller Heuchelei und Unrecht. Weh euch, Schriftgelehrte und Pharisäer, ihr Heuchler ...« (Mt 23, 28.29) War das keine aufrührerische Sprache? Hat sie nicht verletzt? Und was sollen wir zu seiner ungeheuerlichen Forderung sagen: »Ich und der Vater sind eins« (Joh 10,30)? Dieser Ausspruch erzürnte die Juden so sehr, daß sie Steine aufhoben und ihn zu Tode steinigen wollten. Als Jesus fragte, für welche guten Werke, die er getan hatte, sie ihn steinigen wollten, antworteten sie, sie wollten ihn nicht wegen irgendeines guten Werkes steinigen, sondern wegen seiner Gotteslästerung: »Denn du bist ein Mensch und machst dich selbst zu Gott.« (Joh 10,33)

Er fürchtete sich nicht vor ihnen, vor ihrer Kenntnis des Gesetzes, ihrer Macht oder ihren patriarchalischen »Vorurteilen«. Und wenn der einzigartig geborene Sohn Gottes, der in des Vaters Schoß ist, ihn Vater nannte, wie stolz müssen wir sein, wenn wir diesen Namen ändern und verbessern wollen?

Vorurteil oder Gabe

Wer Dinge ablehnt, die nicht zu ändern sind oder nicht geändert werden sollten, ist ein Neurotiker. Je eher und je aufrichtiger wir die Rolle von Mann und Frau bejahen, desto größer wird unser Friede sein und umso harmonischer unsere Welt. Vorurteile führen dagegen zu Neurosen und Bindungen.

Adam und Eva differierten mit Gott nicht wegen seines ersten Gebots an sie, sondern sie differierten mit ihm wegen einer bestimmten Frucht. Gott setzte den Menschen in einen Garten, den er bebauen sollte. Er durfte von jedem Baum essen, nur nicht vom Baum der Erkenntnis des Guten und Bösen; denn dann müsse er sterben. Dies sage Gott dem Adam, ehe Eva erschaffen war. Aber als sie später mit der gleisnerischen Schlange zusammentraf, die ein reizvolles Geschöpf gewesen sein muß, überredete sie die Eva, Gottes Befehl nicht so ernst zu nehmen. Es ist klar, daß Adam, ihr von Gottes Befehl gesagt hatte, weil Eva ihn ziemlich genau aufsagen konnte, und ihn sogar noch verschärfte – sie sagte, daß sie die Frucht nicht nur nicht essen, sondern nicht einmal berühren sollten. (Dies könnte natürlich Adam hinzugefügt haben, wenn er bis dahin schon ein wenig von der Eigenart der Frau erfahren hatte.) Unsinn! Das war der Angelpunkt in der Antwort der Schlange. Gott war doch wohl ein bißchen knauserig, wenn er ihnen solch eine Kleinigkeit nicht gönnte. Ihr werdet nicht nur nicht sterben, ihr werdet auch sehen können, was ihr bisher nicht gesehen habt. Ihr werdet sein wie Gott! Selbstverständlich begann Eva zu ahnen, daß es keine Kleinigkeit war, die Gott verboten hatte. Es war ein riesiges Vergnügen. Es war Leben und Erfüllung und Glück, das Gott ihnen vorenthielt. Gott war ein Sadist. Es wäre viel besser für sie, wenn sie die verbotene Frucht äße. Sie würde tatsächlich nicht mehr »nur« eine Frau sein oder nur menschlich. Sie würde göttlich sein. Sie liebte diesen Ton. Es war logisch und verlockend und versprach die Seligkeit.

Wir lesen dann, daß sie sah, daß der Baum gut zur Speise war, eine Lust für die Augen, und daß der Baum begehrenswert war, weil er klug machte. Offensichtlich hatte sie dies vorher nicht bemerkt, vielleicht hatte sie nicht einmal gewagt, den Baum anzusehen. So probierte sie. Nur ein bißchen, denke ich, aber genug, um ihr zu beweisen, daß die Schlange wußte, wovon sie redete. Es war köstlich, und genau wie die Schlange vorausgesagt hatte, passierte nichts Schlimmes. Alles war in Ordnung. Darum übernahm sie die Initiative, und dadurch wurde es nur noch schlimmer. Adam und Eva vertauschten ihre Rollen. Sie bot Adam die Frucht an, und Adam entsagte seiner Verantwortung, für Eva Sorge zu tragen, und ging auf den bösen Vorschlag ein. So kam der Tod in die Welt hinein.

Der Gott, der entschied, daß zwei und zwei vier ergibt in dem Universum, das er geschaffen hatte, und daß sich Elektronen in einer bestimmten Weise verhalten, hatte entschieden, daß dieser Mann und diese Frau sich frei entscheiden konnten. Er enthielt ihnen die Information nicht vor, die sie brauchten, damit sie weise entscheiden konnten, aber sie vertrauten ihm nicht. Gott bot ihnen Leben oder Tod an. Aber sie wußten es besser als Gott.

Wir sind nun zu einer weiteren Gemeinsamkeit gelangt. Wie Adam und Eva in gleicher Weise vor Gott verantwortlich waren – wir erkannten dies in Genesis 1 –, so waren sie gleichermaßen ungehorsam und gleicherweise schuldig gemäß der Geschichte in Genesis 3.

Sie konnten den Schaden nie rückgängig machen, den sie durch ihren Ungehorsam verursacht hatten. Ihre schöne Welt war zerbrochen. Leid, Sünde und Tod nahmen mit jener einen dreisten Tat ihren Anfang. Nichts konnte ihren Fehltritt ungeschehen machen, keine noch so große Entschuldigung würde ihn glätten oder wegnehmen. Gläubige wissen, daß nur das Lamm Gottes, das vor Grundlegung der Welt geschlachtet wurde, dies bewerkstelligen konnte.

Eva machte ihre Rechte geltend. Was sie als ihr Recht ansah, hatte nichts mit dem Willen Gottes zu tun und darum letztlich auch nicht mit ihrem Glück, so sehr sie das auch meinte.

Als vor einigen Monaten Papst Johannes Paul II. die Vereinigten Staaten besuchte, wurde er mit verärgerten Frauen konfrontiert, die ihn beschuldigten, er beraube katholische Frauen ihrer Rechte, weil er ihnen die Priesterweihe nicht zugestehe. Er ließ sich durch ihre Wut nicht aus der Fassung bringen. »Die Ordination von Frauen (zum katholischen Priester)«, sagte er ihnen, »ist keine Frage der Menschenrechte. Es ist eine Frage des Willens Gottes.«

Eine Frau schrieb an den Herausgeber der Time:

> Daß der Papst den Bann gegen die Ordination von Frauen bekräftigte, war natürlich ein Schlag ins Gesicht aller (katholischen) Frauen. Es war jedoch auch ein Verstoß gegen Gott. Denn es wird Gott ein Vorurteil untergeschoben, das er per definitionem nicht haben kann. Gott gab Männern und Frauen gleichen Sinn, ein gleiches Herz und die gleiche Fähigkeit, ihn zu lieben und ihm zu dienen. Warum also weiterhin das Priesteramt abhängig machen von einem anatomischen Unterschied, der für diese Angelegenheit völlig belanglos ist? Tradition ist keine ausreichende Antwort darauf.

Arme Frau! Auch ihre Meinung ist ein Schlag ins Gesicht – ins Angesicht Gottes. Ihre Auffassung von Gleichheit schließt jede Würdigung der verschiedenen Gaben des Mannes und der Frau aus. Solche Unterschiede würden ihr zufolge »ein Vorurteil« Gottes anzeigen, »das er per definitionem nicht haben kann.«

Während eines Vortrags einer evangelikalen Frau, die auch eine Feministin ist, saß neben mir mein Freund Joe Bayly. Wir beide mußten uns winden, als sie über die Gleichheit von Mann und Frau sprach und zu zeigen versuchte, daß sie völlig austauschbar sind. Sie schien zu meinen, daß Frauen durch das uralte »Vorurteil«, das sie dazu verdammte, für Ehemann, Haus und Kinder zu sorgen, »betrogen« wurden. Joe, ein Mann, der keinen Sinn für das Absurde hat, neigte sich zu mir herüber und flüsterte: »Ich möchte gern schwanger werden.« Er wird es nie werden. Ist es ein Vorurteil, das dies unmöglich macht? Ist er betrogen worden? Und wenn, von wem? Von der Gesellschaft? Die simple Antwort ist, daß ihm – nicht von der Gesellschaft, sondern von einem weisen und liebenden Schöpfer – andere Gaben gegeben wurden, die andere Verantwortlichkeiten und Freuden zur Folge haben.

Gott hat nicht aus purem Vorurteil Spinnen so ausgestattet, daß sie übers Wasser gleiten können, oder Löwen, daß sie springen, und Esel, daß sie Lasten tragen können. Er war um ein Universum besorgt, dessen Teile miteinander in Harmonie agieren konnten. Der Part, den jedes Teil in der Harmonie spielen sollte, war so genau (unendlich viel genauer) bestimmt, wie die Orchestrierung einer Symphonie. Gott tat es mit Freigiebigkeit, mit Liebe und Gnade. Seine Gaben an Männer und Frauen sind nicht »gleich«, so wenig wie seine Gaben an Löwen und Spinnen. Sie ergänzen sich vielmehr. Sie tragen zur Harmonie oder zum Plan bei. Aus Gnade wurden solche Gaben gegeben, wie uns die Bibel lehrt. Außerdem ist der anatomische Unterschied alles andere als bedeutungslos für den Gesamtplan. Er ist im Gegenteil auf wunderbare Weise ganz entscheidend.

sind Schauspieler in einem Schauspiel, in dem gewaltige himmlische Geheimnisse in Szene gesetzt werden. Wir müssen uns an die jeweiligen Rollen halten und dem Regisseur folgen, und wenn wir dies tun, werden wir, was sonst nicht möglich wäre, unser wahres Wesen und unsere Bestimmung erkennen.

Der Entwurf

Die Personen in diesem Spiel wurden von Gott selbst entworfen. Die Männer sollten, so entschied er, die Stellung der Autorität einnehmen. Die Frauen sollten sich ihnen unterordnen. Die Männer vertreten in diesem Spiel eigentlich (Halt Dich jetzt fest!) Christus – sie spielen in den zwei irdischen Theatern *seine* Rolle in bezug zur Frau. Der Mann »ist Gottes Bild und Abglanz« (1. Kor 11,7).

Eine freizügige christliche Frau hielt vor einigen Jahren eine Arbeitstagung ab über die »gleichberechtigte Ehe«, wie sie es nannte. Ich hörte mit wachsendem Vergnügen zu, als sie ihre eigene gut funktionierende und sehr befriedigende Halb-und-halb-Vereinbarung in der Ehe beschrieb. Sich offensichtlich über den göttlichen »Entwurf« lustig machend (sie würde ihn bloß als Tradition auffassen), hatten sie und ihr Gatte sich hingesetzt und nach individueller Vorliebe die Rollen ausgesucht, bis beide damit zufrieden waren. Sie sind beide Soziologen. Beide machen Hausarbeit. Alles ist zweifach aufgeteilt, und sie fühlen sich wohl dabei. Wenn es in der Bibel keinen Hinweis gäbe, wenn wir unsere eigenen Pläne für die Aufgaben von Mann und Frau in der Ehe ausarbeiten müßten, hätte das Ganze einen Augenblick ganz gut ausgesehen. Es schien bei ihnen zu funktionieren, und sie mochten es so.

Aber das kann man nicht machen. Die Rollen sind bereits verteilt worden. Und was mich am meisten enttäuschte, war, daß die Dame diese »gangbare Möglichkeit« mit Epheser 5 rechtfertigte. Ich gab mir große Mühe, sie zu verstehen, aber letztlich ging es darauf hinaus: Paulus sagt, jeder soll sich dem anderen unterordnen, fertig. Du ordnest dich mir unter, und ich mich dir. »Bitte nach Dir, meine liebe Amalie.« »Nein, bitte nach Dir, Gustav.«

Die Verse, die in meiner Bibel folgen – die davon handeln, wie eine Gott wohlgefällige Unterordnung in bestimmten Fällen aussehen soll – waren für sie überhaupt nicht wichtig. Daß Frauen sich ihren Männern unterordnen sollen, Kinder ihren Eltern, Sklaven ihren Herren – auf all das können wir verzichten. Wir müssen nur die Aufgaben verteilen. Sie drückte sich vor der Konsequenz, daß Eltern sich ihren Kindern oder Herren sich ihren Knechten unterwerfen müßten. Darüber zu sprechen, wäre peinlich gewesen.

Man konnte dann Fragen stellen. Natürlich hatte ich auch eine. Sehen Sie einen Unterschied, wollte ich wissen, zwischen der Art und Weise, wie ein Mann sich seiner Frau, und wie sich eine Frau ihrem Mann unterwirft? Sie konnte darin keinen Unterschied finden. Sind denn die Positionen vertauschbar? Ja! Darf man dann die Substantive in diesem Bibelabschnitt vertauschen? Natürlich! Ich fing an zu lesen: »Ihr Männer, ordnet euch euren Frauen unter wie dem Herrn. Denn die Frau ist das Haupt des Mannes, wie auch die Gemeinde das Haupt des Christus ist ...« (Eph 5,22.23)

Sie unterbrach mich. Sie dürfen die Analogie so weit nicht treiben, sagte sie.

Es war die Analogie Gottes. Er nahm die zentrale und intimste menschliche Beziehung und zeigte, wie sie eine viel tiefere geistliche Beziehung illustriert, wenn sie sich in bestimmten Linien, das heißt, in der Ordnung bewegt. Eine Analogie setzt immer voraus, daß es noch mehr Ähnlichkeiten geben kann.

Wenn der Ehemann in diesem Drama die Rolle Christi spielt, dann spielt die Ehefrau die Rolle der Gemeinde. Da sind wir wieder bei Initiative und Antwort. Christus, der Bräutigam, initiiert, die Gemeinde antwortet.

Du siehst, wie äußerst gefährlich es ist, die Dinge selbst in die Hand nehmen zu wollen und die Rollen neu zu verteilen oder umzukehren. Es ist ein Mysterienspiel. Mit Geheimnissen muß man sehr vorsichtig umgehen. Man kann es sich nicht immer so leicht machen.

Was für das Theater zu Hause zutrifft, muß auch für das Theater in der Gemeinde gelten. Christus ist das wahre Haupt. Der Mann repräsentiert Christi Vollmacht in dem örtlichen Leib von

Gläubigen. Die Frau, die sich Christus unterwirft, ist auch der stellvertretenden Autorität unterworfen – nicht weil sie nicht kompetent oder weniger wert wäre, sondern einfach weil hier ein Drama aufgeführt wird. Diese Ordnung bedeutet etwas.

Nicht Verdienst, sondern Auftrag

NICHTS, WAS GOTT MACHT IST OHNE STRUKTUR. Um aus den Israeliten ein heiliges Volk zu machen, gab er ihnen zehn größere Gebote und hundert kleinere. »Wenn er gewollt hätte, daß sie in einer Welt ohne moralische Normen lebten«, sagte Daniel Weiss, der Präsident des Eastern College, »hätte er ihnen zehn Vorschläge gemacht.«

Er gab ihnen Gebote, und er gab ihnen auch einen Führer. Es mußte jemand vor Gott die Verantwortung tragen. Mose, der Mann, den er dafür auserwählte, war über diese Aufgabe nicht sonderlich erfreut und machte seine eigenen Vorschläge:

1. Das Volk wird mir nicht glauben.
2. Ich kann nicht reden.
3. Es wäre vielleicht besser, einen anderen zu senden.

Gott willigte ein, daß sein Bruder Aaron der »Mund« des Mose war, aber Mose sollte ihm »wie Gott« sein. Genau das bedeutet Führerschaft.

Nun, es kam ein Tag, an dem ein Mann namens Korach eine Rebellion gegen Mose anzettelte. Es war die erste überlieferte öffentliche Demonstration für »Gleichheit«. Sie folgte auf eine Begebenheit, bei der ein Mann gefaßt wurde, der Brennholz am Sabbat auflas. Er wurde vor Mose und Aaron gebracht. Die sperrten ihn ein, weil sie nicht wußten, welche Strafe er verdient hatte. Der Herr gab die Antwort:

Laßt ihn zu Tode steinigen!

Korach brachte 250 Vorsteher zusammen, »namhafte Leute«, die genug davon hatten, daß Mose ihnen immer befahl, was sie tun sollten. Was glaubte er wohl, wer sie waren? »Die ganze Gemeinde, sie alle sind heilig, und der Herr ist unter ihnen. Warum erhebt ihr euch über die Gemeinde des Herrn?« (4. Mose 16,3)

Moses spontane Reaktion ist ein Kennzeichen eines wahren Führers. Er fiel auf sein Angesicht. Nicht aus Furcht, sicher nicht aus Scham, sondern in Demut. Es war nicht der richtige Zeitpunkt, um zu argumentieren oder sich selbst zu rechtfertigen. »Morgen wird der Herr kundtun, wer ihm gehört, wer heilig ist und zu ihm nahen soll ...«, sprach Mose (4. Mose 16,5). Er erkannte genau, daß die Rebellion nicht eine persönliche Angelegenheit war. Es war eine Rebellion gegen Gott, mit der Gott fertig werden mußte.

Mose als Mann Gottes tat, was angebracht war:

»Nehmt euch Pfannen, Korach und seine ganze Rotte, und legt Feuer hinein und tut Räucherwerk darauf vor dem Herrn. Wen dann der Herr erwählt, der ist heilig. Ihr geht zu weit, ihr Söhne Levi! ... Ist's euch zu wenig, daß euch der Gott Israels ausgesondert hat aus der Gemeinde Israel, ihm zu nahen, damit ihr euer Amt ausübt an der Wohnung des Herrn und vor die Gemeinde tretet, um ihr zu dienen? Er hat dich und mit dir alle deine Brüder, die Söhne Levi, zu sich nahen lassen; und ihr sucht nun auch das Priestertum?« (4. Mose 16,6.7.9.10)
Sie mochten die Rolle nicht, die sie spielen sollten. Sie wollten unbedingt eine andere haben. Wie üblich, entsprang der Protest für »Gleichheit« nicht aus reiner Gerechtigkeitsliebe, sondern aus einem fundamentalen Haß gegen Überlegenheit. Deshalb »... zerriß die Erde unter ihnen und tat ihren Mund auf und verschlang sie mit ihren Sippen, mit allen Menschen, die zu Korach gehörten, und mit aller ihrer Habe ... und die Erde deckte sie zu, und sie kamen um, mitten aus der Gemeinde heraus.« (4. Mose 16,31-33)

Es war ein dramatischer Beweis dafür, daß die Vollmacht von Mose und Aaron aus der Vollmacht Gottes kam. Sie trug sein Siegel und wurde durch seine Gerechtigkeit verteidigt. Sie hatten sie nicht durch Verdienst erworben. Sie hatte sie als Auftrag erhalten.

Die Parallelen mit heutigen Ereignissen sind frappierend. Frauen protestieren, daß Herrschaft und Unterordnung ein Fluch sind, der sie ihrer »Persönlichkeit« beraubt, daß sie selbst dadurch zu Zweiter-Klasse-Bürgern gemacht werden. »Was glaubt ihr wohl, wer ihr seid?«, sagen sie zu Männern, die verteidigen, was oft verächtlich eine traditionelle Ansicht genannt wird. »Biblische« Feministinnen kanzeln die hierarchische Sicht der Beziehungen zwischen Mann und Frau, wobei die Vollmacht den Männern obliegt, als »fleischlich« ab.

Es klingt zunächst vernünftig, wenn gesagt wird: »Die ganze Gemeinde, sie alle sind heilig, und der Herr ist unter ihnen ...« Das stimmte, als Korach es sagte, es trifft auch auf uns Christen heute zu. Wir sind ein heiliges Priestertum, eine königliche Nation; wir sind sogar Könige. Welches Recht hat jemand oder eine Klasse von Personen, sich selbst höher einzustufen? »... Warum erhebt ihr euch über die Gemeinde des Herrn?« Was Korach und seine Rotte dem Mose sagten, sagen heute Frauen den Männern.

Laß Dich nicht von ihnen einschüchtern, Peter! Von ganzem Herzen sage ich: Laß Dich nicht einschüchtern! Biete ihnen die Stirn! Steh fest zu Deiner Berufung als Mann! Wahre Frauen werden immer froh und dankbar sein, wenn Männer willens sind, richtige Männer zu sein.

Stell diesen Frauen mal die Fragen, die Mose dem Korach stellte: Ihr geht zu weit. Ist's euch zu wenig, daß euch der Gott Israels ausgesondert hat von den Männern, ihm zu nahen, damit ihr euer Amt ausübt, das kein Mann tun kann, und vor eure Ehemänner und Prediger tretet, um ihnen zu dienen? Und würdet ihr wirklich Gleichheit suchen? Würdet ihr die Aufgaben auch erfüllen wollen, die ich den Männern gegeben habe?

Erinnere sie daran, daß Jesus »... es nicht für einen Raub hielt, Gott gleich zu sein« (Phil 2,6), obwohl er seit eh und je der göttlichen Natur teilhaftig war. Er war untertan. Kann irgendeine Frau meinen, sie habe ebensoviel Recht auf Gleichheit mit den Männern wie Jesus sie mit seinem Vater hatte?

Hab keine Angst! Schäm Dich nicht! Mose tat es auch nicht. Er war einfach demütig. Er wußte – und das müßt ihr Männer auch wissen –, daß er sich nicht selbst in diese Stellung gebracht hat. »Morgen wird der Herr kundtun, wer ihm gehört, wer heilig ist ...« Dies ist eine Lektion für alle Männer im zwanzigsten Jahrhundert. Gottes Autorität wird in Frage gestellt. Es ist Gottes Sache, mit denen zu handeln, die rebellieren. »Ungehorsam ist Sünde wie Zauberei« (1. Sam. 15,23), sagt Gott. Er sucht Männer, die es als das erkennen, was es ist – Rebellion – und angesichts sozialer Ächtung oder Spott an ihm festhalten.

Wer Verantwortung übernimmt, der dient

Die Vorstellung von Autorität ist in einem gesetzlosen Zeitalter entsetzlich. Sie ist für Dich und mich entsetzlich, weil wir einfach Sünder sind. Niemand hat es gern, daß ihm jemand sagt, was er tun soll – wenn er meint, er wisse es bereits.

Es gibt jedoch Zeiten, in denen auch der Schlimmste von uns sich nach Autorität sehnt, weil wir nicht mehr wissen, was wir tun sollen. Wir sind verloren, und wir möchten, daß uns jemand den Weg zeigt. Wir brauchen Führung.

Wo sind die Männer, die Verantwortung übernehmen? Autorität hat in der Bibel nichts mit Rechthaberei oder Herrschsucht zu tun, auch nichts damit, daß man anmaßend oder eingebildet oder tyrannisch ist. Sie hat vielmehr eine ganze Menge mit der Bereitschaft zum Dienst zu tun. Sie erfordert tiefe und echte Demut.

Debora und Barak sangen Gott Lobpreis für die Befehlshaber Israels »…, die willig waren unter dem Volk …« (Ri 5,2) Die Aufopferung für die anderen – das ist der Preis wahrer Autorität. Weil Jesus sich »selbst erniedrigte« – bis zum bitteren Tod –, wurde er über alle anderen im Himmel und auf Erden erhöht. Seine Erhöhung setzte seine Erniedrigung voraus. Der Weg nach oben geht nach unten!

Vielleicht erinnerst Du Dich an eine Geschichte, die Dein Onkel Eduard manchmal erzählte. Als er Dekan eines kleinen College in Pennsylvania war, bemerkte er, daß die Wände in einem Studentenwohnheim mit Rasierseife, Erdnußbutter und Marmelade verschmiert waren. Er wollte die Sache untersuchen. Natürlich hatte weit und breit keine Seele eine Ahnung, wie das geschehen konnte. In jedem Zimmer traf er auf überraschte Unschuld.

Es gab mehrere Möglichkeiten. Er konnte alle Studenten des

Wohnheims auffordern, die Wände zu putzen. Er konnte den Hausmeister rufen. Der Hausmeister konnte zupacken, er war ein liebenswürdiger und wertvoller Mensch. Den Dreck abzuschrubben, wäre über seine Pflicht gegangen, aber er hätte es getan. Es gab eine dritte Möglichkeit. Eduard ging hin und nahm einen Eimer und eine Bürste und machte sich an die Arbeit. Tür um Tür öffnete sich, Köpfe wurden herausgestreckt, und die Meldung verbreitete sich, was der Dekan des College macht, und bald war er nicht mehr allein mit der Schrubberei beschäftigt. Die Macht des Dienens! Das fordert Respekt. Es beanspruchte das nicht.

Auch Jesus »nahm einen Schurz und umgürtete sich.« (Joh 13.4)

Eduard Nason West definierte die Liebe, die mit dem griechischen Wort agape beschrieben wird, als »ein tiefes Besorgtsein um das Wohl des andern, ohne einen Wunsch, den andern zu kontrollieren, den Dank des andern zu erhalten oder an dem Vorgang Freude zu haben.« Sie gibt sich selbst. Sie legt das Leben ab.

Ein Mann oder eine Frau mit starkem Charakter ist nötig, um das Leben abzulegen. Paulus sagte von seinen Mitarbeitern Priscilla und Aquila, daß sie um seinetwillen »ihren Hals hingehalten haben« wie unter das Schwert des Scharfrichters. Diese Art Charakterstärke paßt nicht in das populäre Bild des Mannes mit Verantwortung, aber es paßt sehr gut in Gottes Bild.

»Wenn ihr alles getan habt«, sagte Jesus, »dann seid ihr nur unnütze Knechte.« (s. Lk 17,10) Vielleicht wäre das ein gutes Motto für einen Mann, um es an den Rückspiegel seines Autos zu stekken, oder für eine Frau, um es über das Spülbecken oder die Schreibmaschine zu heften.

Das gesprochene Wort

Manchmal reden die Leute davon, wie sie mit gewissen Dingen »ringen« oder sich »durch sie hindurcharbeiten«, wenn sie in Wirklichkeit meinen, daß sie zögern zu gehorchen. »Ich hab' da ein Problem«, sagen sie, oder »Ich bin damit noch nicht ganz im klaren« und meinen eigentlich: »Was, ich? Ungehorsam? Niemals!«

Viele, zu viele christliche Ehemänner verbannen ihre Führungsrolle in diese Schublade. Wenn sie sich einmal durch alle Ekken durchgearbeitet haben, wollen sie damit anfangen.

Die Autorität eines Mannes in seinem eigenen Hause ist nicht etwas, das nach und nach erreicht wird, es ist auch kein erworbener Geschmack. Es ist eine Aufforderung, und kein Mann kann davon »überzeugt« werden, bis er darauf eingeht. Gewißheit kommt durch willigen Gehorsam. »Wenn jemand dessen Willen tun will«, sagte Jesus, »wird er innewerden, ob diese Lehre von Gott ist ...« (Joh 7,17)

Die großen Führergestalten der Bibel wußten sich selbst gerufen. »Und der Herr sprach zu Abram: Geh aus deinem Vaterland und von deiner Verwandtschaft und aus deines Vaters Hause in ein Land, das ich dir zeigen will ... Da zog Abram aus, wie der Herr zu ihm gesagt hatte ...« (1. Mose 12,1.4.)

An einen jungen Mann, Sohn eines Priesters in einem Ort namens Anatot, erging das Wort des Herrn: »Ich kannte dich, ehe ich dich im Mutterleibe bereitete, und sonderte dich aus, ehe du von der Mutter geboren wurdest, und bestellte dich zum Propheten für die Völker.«

»Ach, Herr Herr«, sagte Jeremia, »ich tauge nicht zu predigen; denn ich bin zu jung.«

»Sage nicht: ›Ich bin zu jung‹«, antwortete der Herr, »sondern du sollst gehen, wohin ich dich sende, und predigen alles, was ich dir gebiete. Fürchte dich nicht vor ihnen; denn ich bin bei dir und will dich erretten ...« (Jer 1,4-8)

Ein in die babylonische Gefangenschaft geführter Priester, Hesekiel mit Namen, sah Gesichte von Gott. Das Wort des Herrn erging an ihn, als er am Fluß Kebar weilte: »... dort kam die Hand des Herrn über ihn.« (Hes 1,3)

Paulus beginnt seinen Brief an die Römer mit folgenden Worten: »Paulus, ein Knecht Christi Jesu, berufen zum Apostel, ausgesondert, zu predigen das Evangelium Gottes ...« (Röm 1,1) In fast allen seinen Briefen bekräftigt er seine Berufung – etwas, das nicht seiner eigenen Meinung oder Neigung entsprang; es war etwas, das ihm »auferlegt« war, dem er nicht ausweichen konnte. Das war kein Grund, sich zu rühmen, sondern sich unterzuordnen.

Es war die Überzeugung göttlicher und unausweichlicher Autorität, die Abraham, Jeremia, Hesekiel und Paulus befähigte, die Dinge zu tun, die sie für Gott tun sollten. Diese Berufung machte sie groß, nicht ihre persönliche Befähigung. Sie waren Mensch genug, dies zu erkennen und bescheiden genug, dies zuzugeben.

Die Befehle in der Heiligen Schrift sind eindeutig genug: Tu dies, tu das nicht. Hier eine kleine Auswahlliste: »Steh fest!«, »Arbeite an Deinem Verhalten!«, »Verleugne Dich selbst!«, »Gib Dein Leben hin!«, »Sei stark!«, »Freue Dich!«, »Benimm Dich wie ein Mann!«

Wenn man genauer hinschaut, sieht man, daß hier der Wille des Mannes ins Spiel kommen muß. Manchmal behandeln wir die königliche Aufforderung, als ob sie eine Einladung wäre, der wir aus Höflichkeit oder Bescheidenheit nicht nachkommen sollten. Wir sind nicht dieser Meinung. Männer haben nicht die Wahl, in der Familie oder in der Gemeinde Verantwortung zu übernehmen oder nicht. Ihnen ist Verantwortung auferlegt. Verantwortung ist das Kennzeichen eines Mannes von dem Augenblick an, da Gott eine Frau bildete, die Adams Bedürfnissen entsprach, und sie zu Adam brachte und Adam sie als zu ihm gehörig erkannte, sie als

»Hilfe« annahm und ihr einen Namen gab. Mannsein bedeutet, sich nicht vor der Verantwortung zu drücken.

Als Adam und Eva gesündigt hatten, wußten sie sofort, daß sie schuldig waren. Sie versuchten, ihre Blöße mit Feigenblättern zu bedecken und sich vor Gott dem Herrn zu verstecken, als er in der Abendkühle durch den Garten ging. Gott rief den Mann. Das ist wichtig. Beide hatten von der Frucht gegessen, und die Frau hatte sie sogar zuerst genommen. Aber man beachte: Gott zog den Mann zur Verantwortung. »Adam, wo bist du?« Adam versuchte, der Frage auszuweichen. Er erwähnte, daß er nackt war, was schließlich Gottes Schuld war, nicht seine. Doch als Gott den Finger auf das eigentliche Problem legte – die verbotene Frucht –, da wies Adam die Verantwortung von sich. »Das Weib, das du mir zugesellt hast, gab mir von dem Baum ...« (1. Mose 3,12)

Adam verleugnete, daß er ein Mann war. Er wollte die Schande für sich oder seine Frau nicht annehmen. Und als Gott den Fluch über ihn aussprach, geschah es aus zwei Gründen:

»Weil du gehorcht hast der Stimme deines Weibes und von dem Baum gegessen ...«

Es ist bestenfalls eine verfehlte Ritterschaft und schlimmstenfalls Unverantwortlichkeit, wenn man sich aus der Affäre zieht und die Frau alles machen läßt. Wenn Du so handeln willst, wirst Du zwar nicht ein männlicher Chauvinist genannt, aber es ist Ungehorsam.

Eine oft gestellte Frage ist: »Warum übernimmt gerade die Frau so oft die Führung in geistlichen Dingen – zu Hause und in der Gemeinde? Warum ziehen sich die Männer zurück und wagen nicht, ihren Mund aufzumachen?« Ich freue mich, daß ein Prediger ohne Zögern sagte: »Ich kann das mit einem Wort beantworten: Ungehorsam.«

Gehorsam wird Dir heutzutage sehr wahrscheinlich übel angerechnet. Das ist nichts Neues. Gehorsam war noch nie der Weg zu Popularität. Die Frage ist einfach: Wer ist Dein Herr? Wenn das einmal klar ist, fragst Du, ob ein Wort gesprochen wurde. Wenn dem so ist, hast Du Deine Befehle.

Richtig und falsch

»Ich glaube, daß das wichtigste intellektuelle Unternehmen die Unterscheidung von richtig und falsch ist«, sagte William F. Buckley in einem Interview. Wir müssen in einer Zeit intellektueller Unduldsamkeit leben; denn die Unterscheidung von richtig und falsch wird zunehmend verwischt. Es ist populär, die Kriminellen zu verteidigen, alle Schuld auf die Gesellschaft zu schieben, Amerika zu geißeln und mit jedem Land zu sympathisieren, das uns angreift. Was zählt, ist nicht, ob etwas richtig oder falsch ist, sondern nur, wie wir uns dabei fühlen. Da man sich auf Gefühle nicht verlassen kann, fangen wir an zu schwimmen – ohne eine Lotrechte.

Gott hat uns nicht der Barmherzigkeit der Gefühle überlassen. Er gab uns Richtlinien. Die dem Mann speziell gegebenen sind folgende:

- Ein Mann ist das »Haupt« der Frau. (1. Kor 11,3)
- Er vertritt unmittelbar die Person und Herrlichkeit Gottes. (1. Kor 11,7)
- Der Mann ist das »Haupt« der Frau in derselben Weise, wie Christus das Haupt der Gemeinde und der Retter des Leibes ist. (Eph 5,23)
- Der Mann muß der Frau dieselbe Liebe erzeigen, die Christus der Gemeinde erzeigt hat, als er sich für sie opferte. (Eph 5,25)
- Männer sollten ihren Frauen die Liebe zuwenden, die sie natürlicherweise für ihren eigenen Körper haben. (Eph 5,28)
- Ein Mann soll Vater und Mutter verlassen und an seiner Frau hängen. (s. Mt 19,5)
- Ihr Männer, liebet eure Frauen wie euch selbst … (Eph 5,33)

- Ihr Männer, versucht eure Frauen zu verstehen, und ehrt sie als das schwächere Geschlecht, doch als solche, die gleichermaßen wie ihr Erben der Gnade des Lebens sind. (1. Petr 3,7)

Und nun vergleiche die Liste der Befehle für die Männer mit der Liste für die Frauen:

- Die Frau hat keine vollen Rechte mehr über ihre eigene Person, sondern teilt sie mit ihrem Mann. (1. Kor 7,4)
- Die Frau spiegelt die Person und Ehre ihres Mannes wider. (1. Kor 11,7)
- Ihr Frauen müßt lernen, euch euren Männern anzupassen, wie ihr euch dem Herrn unterordnet. (Eph 5,22)
- Die willige Unterordnung der Gemeinde unter Christus sollte in der Unterwerfung der Frauen unter ihre Männer wiederzufinden sein ... (Eph 5,24)
- Die Frauen sollen ihre Männer ehren. (Eph 5,33)
- Ihre Rolle ist, zu empfangen. (1. Tim 2,12)
- Heilige Frauen früherer Zeiten vertrauten auf Gott und waren ihren Männern untertan. (s. 1. Petr 3,5)

Jetzt siehst Du deutlich den Gegensatz dessen, was von Männern und was von Frauen erwartet wird. Die Listen sind verschieden. Was für Männer richtig ist, ist falsch für Frauen. Die Rollen ergänzen sich gegenseitig. Sie sind so geplant, daß Mann und Frau zusammen wirken können, ohne daß einer den anderen verdrängt oder sie sich gegenseitig auf die Zehen treten; sie sollen gegenseitig geben statt nehmen, befreien statt einschränken.

Autorität ist eine Quelle der Macht

Als mein Bruder David noch klein war, haßte er den Ozean. Ich erinnere mich daran, wie meine Mutter immer wieder versuchte, ihn zu überreden, ins Wasser zu kommen und mit ihr auf den Wellen zu reiten, aber er schrie und lief davon. Als unser Aufenthalt in Belmar in New Jersey sich dem Ende zu neigte, wagte er sich endlich zögernd ins Wasser. Bald aber sprang er und tauchte und stampfte spritzend durch die Wellen in einer Ekstase des Entzückens. Doch plötzlich wurde ihm bewußt, daß diese Ekstase bald enden sollte, weil der Sommer vorbei war und wir morgen zur Stadt zurückkehren würden. Er brach in Tränen aus und schrie meine Mutter an: »Warum hast Du mich nicht gezwungen, ins Wasser zu gehen?«

Je eher wir uns dem Herrn des Lebens unterordnen und denen, die er über uns setzt, desto eher werden wir unsere Freiheit und Freude finden. Er möchte uns allen letztlich nur Freude bereiten; denn er ist Liebe. Es ist bemerkenswert, daß die Bibel nicht sagt, Gott sei Gerechtigkeit oder Macht. Sie sagt: Gott ist Liebe. Wie sollte er denn weniger beabsichtigen als unsere höchste Freude?

Meine Mutter wünschte David, daß er sich in den Wellen des Ozeans nach Herzenslust tummeln konnte. Welcher Junge liebt das nicht, wenn er es einmal probiert hat? Aber David weigerte sich, ihrem Willen oder den Wellen sich hinzugeben. Ganz sicher würden sie ihn vernichten. Er vertraute seiner Mutter nicht, obwohl er allen Grund hatte, ihr zu trauen. So rauben wir uns selbst unendlich mehr als nur einen Sommerspaß, weil wir überzeugt sind, daß Gott uns vernichten will. Wir stellen uns beharrlich vor, daß wir etwas besser können wollen als es der Schöpfer will.

»Ich bin vom Himmel gekommen«, sagte Jesus, »nicht damit

ich meinen Willen tue, sondern den Willen dessen, der mich gesandt hat ... Meine Lehre ist nicht von mir, sondern von dem, der mich gesandt hat ... Wer von sich selbst aus redet, der sucht seine eigene Ehre; wer aber die Ehre dessen sucht, der ihn gesandt hat, der ist wahrhaftig, und keine Ungerechtigkeit ist in ihm.« (Joh 6,38; 7,16.18)

»Der Mensch wurde erschaffen, um dieses Muster nachzuahmen«, schreibt C. S. Lewis in The Problem of Pain*) (Das Problem des Leidens), »und wo der vom Schöpfer mitgeteilte Wille in freudigem Gehorsam vom Geschöpf vollkommen erwidert wird, dort ist unzweifelhaft Himmel, und dort handelt der Heilige Geist.«

Gestern abend aßen wir in einem eleganten Club auf einem Turm in Dallas mit einem Christen, der viel reist, schnell spricht und klar denkt. Er beschrieb ein Treffen, das er für fünfundzwanzig Freunde organisiert hatte zu dem einzigen Zweck, sich ernsthaft zu unterhalten. Ihnen wurde gleich zu Anfang mitgeteilt, daß man nicht über belanglose Dinge reden und die Gruppe sich nie mehr treffen würde, so daß man keine Rangordnung aufstellen oder eine besondere Taktik durchspielen mußte. Waren alle Männer Christen? fragten wir. Ja, sagte er, sie mußten es sein. Denn wo keine gemeinsame Autorität vorhanden ist, kann es keinen fruchtbaren Austausch geben. Es war interessant festzustellen, wie bei jedem neuen Thema, das aufgegriffen wurde, derjenige, der sich auf dem Gebiet auskannte, sehr bald Anerkennung fand. Das Wort Gottes war ihr Bezugspunkt, und das Spezialwissen jedes einzelnen wurde in diesem Zusammenhang berücksichtigt. Es war die Autorität des Wortes Gottes, der sie sich unterordneten, und die der Gruppe Einheit verlieh und den Diskussionen den Zusammenhalt gab.

Die Befehle an Männer und Frauen sind unsere Bezugspunkte. Die besonderen Gaben, die Männern und Frauen gegeben wurden, finden ihren reinsten Ausdruck im Zusammenhang mit dem Plan Gottes. Eine Frau ist völlig und frei eine Frau nur in Bezug zu einem Mann, der willens und froh ist, seine Gabe der Initiative auszuüben. Der Mann ist völlig und frei ein Mann nur in Bezug zu einer Frau, die ihre Rolle des Reagierens annimmt.

*) C. S. Lewis, The Problem of Pain, 1943, S.79

Eine schmerzliche Illustration kommt mir in den Sinn. Ich sah im Fernsehen einmal eine Herde Nilpferde, die sich in einem großen graugrünen öligen Fluß in Ostafrika suhlten. Langsam tauchten die beiden kugeligen Augenlider auf, gefolgt von den Nasenlöchern und der monströsen derben Schnauze. Die riesigen Körper stiegen schwerfällig aus dem Wasser, um gleich darauf wieder ins Wasser zurückzusinken. Man schaut so ein Geschöpf an und sagt sich: »So ein Tier kann es überhaupt nicht geben. Das ist unsinnig!« Und dann kam ein schöner weißer Silberreiher daher, auf dem schmutzigen Kopf sanft aufgehellt, und pickte sacht die Käfer auf, die das Nilpferd plagten. Welch eine freundliche Abmachung! Das Nilpferd lieferte den Futtergrund, der Vogel führte den pestvernichtenden Dienst aus. Jeder tut, was der andere nicht vermag, und sie ergänzen sich einander.

Was tue ich? Die Rolle des Mannes in bezug zur Frau mit der eines Nilpferdes zu einem Silberreiher vergleichen? Nun, in gewisser Weise schon. (Du dachtest, ich würde dem vehement widersprechen, nicht wahr?) Jedes wohlwollende Zusammenspiel zwischen Gottes Geschöpfen, von der Paarung der niedrigsten Krustazeen bis zu den Begegnungen zwischen Menschen und Engeln, spricht mich an. Es spricht von einem Gott, der der Geber des Lebens ist, der an alle möglichen Weisen gedacht hat, in denen seine Geschöpfe leben und in Harmonie funktionieren sollten.

»Es ist die Leidenschaft fürs Leben und seine Größe, die an der Wurzel der Rebellion ist«, schrieb P. T. Forsyth. »Unterordnung ist göttlich. Das Prinzip hat seine Wurzeln in dem Zusammenhalt der ewigen Dreieinigkeit selbst. Keinen Herrn oder Meister anzuerkennen, ist satanisch. Ich bestehe auf dem christlichen Prinzip, das unmittelbar aus der Natur Gottes abgeleitet ist und wesentlich ist für die Männlichkeit und Weiblichkeit, die Gott gemacht hat. Ohne den Geist der Unterordnung gibt es keine echte Frömmigkeit, keinen männlichen Adel und keinen weiblichen Charme!«

In tödlicher Opposition zu diesem christlichen Prinzip steht die Ansicht des Feminismus, »Herrschaft und Unterwerfung sind ein Fluch.« Kein Wunder, daß Germaine Greer sagte: »Wenn es einen Gott gibt, dann bin ich im Guerillakrieg mit ihm.«

Einführung ins Mannesalter

Einige Schwierigkeiten in unserer Gesellschaft rühren daher, meine ich, daß es keine Zeremonie gibt, welche die Unterscheidung zwischen Jünglingsalter und Mannsein deutlich macht. In primitiven Gesellschaften wird gewöhnlich irgendeine Form der Einweihung verlangt. Die Nuer-Leute im südlichen Sudan machen Stammeszeichen an der Stirn der jungen Männer, sie schneiden tiefe Linien in die Haut, so daß Narben zurückbleiben. Außerhalb des Frauenbereichs muß der junge Mann sich auf den Boden legen, mit dem Kopf in Ochsenmist, während die Schnitte ausgeführt werden. Das Blut strömt aus, und er darf nicht zurückzucken oder auch nur eine Miene verziehen. Gleichzeitig wird ein Bulle kastriert, und der junge Mann nimmt den Namen des Bullen an, tanzt mit ihm und identifiziert sich so mit dem Tier, das für ihn seine Geschlechtskraft eingebüßt hat. Niemals darf der junge Mann wieder in der Hütte seiner Mutter schlafen oder eine Kuh melken. Er ist jetzt ein Mann, befähigt zu kämpfen, zu jagen und zu heiraten.

In vielen alten Mythen und Legenden wird von einem Helden erzählt, der durch einen dunklen Gang gehen oder eine Probe bestehen muß, mit wilden Tieren oder Drachen ringt, das Böse überwindet und siegreich in ein neues Leben, eine neue Erkenntnis und neue Verantwortung hinübergeht. In gewissem Sinne veranschaulicht diese Handlung jede größere Krise im menschlichen Zyklus von Geburt, Pubertät, Heirat und Tod. Man muß dem Alten entsagen (zum Beispiel der Wärme und Sicherheit des Mutterschoßes), die Leiden des Durchgangs erdulden (die Geburt selbst – schmerzvoll und furchterregend), jede Opposition überwinden (lernen, mit Licht, Schall und Kälte fertig zu werden, atmen lernen) und ein neues Leben beginnen. Während der Pubertät läßt der Mann die Unschuld der Kindheit zurück; er muß beweisen, daß er fähig ist, zu ertragen und zu überwinden, und er tritt in ein neues Leben, eine neue Erkenntnis und die neue Verantwortung, ein Mann zu sein. Es ist durchaus möglich, daß einer der Gründe, warum Männer in unserer modernen Gesellschaft keine Männer sind, der ist, daß sie keine Pubertätsriten haben. Im Sport kommen sie am nächsten an sie heran, aber leider wird im Sport das Leben nur in einer äußerst kontrollierten und künstlichen Art und Weise nachgeahmt. Männer müssen sich irgendwie beweisen, und da keine wilden Tiere erlegt werden müssen, um die Nahrungsversorgung sicherzustellen, auch keine Feinde zu skalpieren oder mit den Speer zu durchbohren sind, keine körperlichen Strapazen zu erdulden sind, um in der zivilisierten Welt zu überleben, sind sie in künstliche »Gefahren« geflüchtet: Spiele, Scuba-Tauchen, Drachenfliegen, Bergsteigen, Surfen und sogar in Glücksspiele. Das Wagnis ist ein notwendiger Beweis der Männlichkeit, aber die eingebaute Schwäche des Sports bedingt, daß Wagemut nicht nötig ist. Abgesehen von professionellen Sportlern hat Sport nichts mit der Nahrungsbeschaffung und dem Schutz der Familie zu tun.

Nicht, daß das Leben selbst keine Tests liefern kann. Leiden kommt auf uns alle zu in der einen oder anderen Form, und wenn wir es auch durch verschiedene Mittel eine Zeitlang aufschieben oder vermeiden können, so werden wir doch früher oder später damit konfrontiert. »Wenn (junge Männer) nur erwarteten, was kommt, und annähmen, was ihnen auferlegt ist, würden sie in der Hälfte der Zeit Männer werden«, schrieb George MacDonald.*) »Man erhält mehr aus den verordneten Widerwärtigkeiten in den Dingen als aus dem leisesten Lauf der Räder der Welt.«

Du hast einige kleinere »verordnete Widerwärtigkeiten« erfahren – die Probleme, die in der Einleitung dieses Buches genannt wurden: Freundinnen, Autos, Examina. Wozu dienen sie, wenn nicht dazu, Dich zu einem Mann zu machen, Peter?

Der wahre Test der Männlichkeit, so scheint es mir, ist nicht der Boston Marathonlauf, sondern »der Wettlauf, der vor Dir

*) Rolland Heis, Hrsg., The World of George MacDonald, 1978, S. 48

liegt«, der in Hebräer 12 erwähnt wird. Paulus schrieb an den jungen Timotheus:

»Übe dich aber in der Frömmigkeit! Denn die leibliche Übung ist wenig nütze; aber die Frömmigkeit ist zu allen Dingen nütze, und hat die Verheißung dieses und des zukünftigen Lebens.« (1. Tim 4,7.8)

Wir müssen unsere Reife nicht denen beweisen, die uns ebenbürtig sind. »Ich ermahne dich inständig vor Gott und Christus Jesus und den auserwählten Engeln, daß du dich dran hältst ohne Vorurteil und niemanden begünstigst.« (1. Tim 5,21) Du hast vielleicht nicht genau dieselben Pflichten zu erfüllen wie Timotheus; dennoch wirst Du Dich vor demselben Richterstuhl einfinden müssen. Es ist ein schreckliches Tribunal: Gott, Jesus Christus und die heiligen Engel.

Die Straße zum Leben

Die Bibel ist voller Beispiele dafür, wie Gott sich Männlichkeit vorstellt. Abraham nahm das gewaltige Wagnis auf sich, Gott zu glauben und seinem schockierenden Befehl zu gehorchen: »Geh aus deinem Vaterland und von deiner Verwandtschaft und aus deines Vaters Hause in ein Land, das ich dir zeigen will.« (1. Mose 12,1) Es war eine Initiationsszene. Wenn er ein Mann Gottes sein wollte, mußte er sich der schweren Prüfung unterordnen. Er ordnete sich unter und ging.

Mach Dir einmal klar, was es bedeutet, das Angenehme und Vertraute zu verlassen und Gefahren auf sich zu nehmen. Kannst Du Dir seine Begleitung vorstellen, wahrscheinlich mindestens sechzig Leute: »mit aller ihrer Habe, die sie gewonnen hatten, und die Leute, die sie erworben hatten in Haran, und zogen aus ...« (1. Mose 12,5)?

Wenn Du Wildnis siehst wie das Land zwischen Haran und dem Negev, dann weißt Du, daß das Risiko, das Abraham auf sich nahm, ganz gewaltig und furchtbar war. Wie, wenn sie verhungerten? Wenn plötzlich nicht genügend Wasser für Menschen und Tiere vorhanden wäre? Was wäre, wenn feindselige Leute ihnen begegneten? Sie haben tatsächlich Hunger erlebt. Es gab einen Streit zwischen Abrahams und Lots Hirten. Lot wurde gefangengenommen. Abraham erfuhr an einem Ort »Angst und eine große Finsternis«. Es gab ein Stammeszeichen. Gott setzte den Bund der Beschneidung ein, ein spezifisch männliches Zeichen, um Abraham und seine Nachkommen auf ewig an Gott zu binden. Die Analogien lassen sich fortsetzen; nicht einmal, sondern wieder und wieder ging Abraham durch dunkle »Gänge« hindurch. Die größte Prüfung seines Lebens kam sicher, als Gott ihn aufforderte, seinen einzigen Sohn auf einem Altar zu opfern. Er schreckte nicht einmal davor zurück, sondern ging aus der Versuchung glänzend hervor. Ein richtiger Mann!

Das Kennzeichen des Mannes Daniel war Selbstbeherrschung. Er widerstand der reichen Tafel des Königs. Er hielt bestimmte Gebetszeiten ein. Er erlangte großes Ansehen: »Daniel aber übertraf alle Fürsten und Statthalter, denn es war ein überragender Geist in ihm.« (Dan 6,4) Dies brachte ihm den Neid seiner Rivalen ein, die dann dem König seine Gottergebenheit berichteten. Daraufhin wurde er in eine Löwengrube geworfen, aber er wurde daraus befreit, »und man fand keine Verletzung an ihm; denn er hatte seinem Gott vertraut.« (Dan 6,24)

David war ein weiterer, der durch die Prüfungen der Männlichkeit hindurchging. »Aber ganz Israel und Juda hatte David lieb, denn er zog aus und ein vor ihnen her.« (1. Sam 18,16)

Was sie zu Männern machte, war ihre Bereitschaft, sich selbst für die Sache Gottes und für andere Menschen hinzugeben. Sport ist ein schlechter Ersatz für solche »Riten«. Sie sind nicht um Gottes willen oder anderer, sondern für einen selbst, für Ehre und Gewinn.

Das Leben Jesu verdeutlicht uns in jeder Weise die ganze Bedeutung des Lebens und des Todes; denn sein Leben auf der Erde war immer mit dem Tod verbunden.

»Seid so unter euch gesinnt, wie es auch der Gemeinschaft in Christus Jesus entspricht: Er, der in göttlicher Gestalt war, hielt es nicht für einen Raub, Gott gleich zu sein, sondern entäußerte sich selbst und nahm Knechtsgestalt an, ward den Menschen gleich und der Erscheinung nach als Mensch erkannt.« (Phil 2,5-8) Hier sehen wir das höchste Beispiel – die bewußte Willensentscheidung Jesu, sich selbst zu entäußern oder zu »entblößen«, wie das Wort eigentlich heißt. Er entäußerte sich. Oftmals wird in Stammesriten gefordert, daß ein Mann sich entäußert – ein Symbol dafür, daß man alles wegwirft, was mit dem alten Leben verbunden ist. Jesus kam, wie Henry Barraclough es in einem Lied ausdrückt:

Hervor aus Edelsteinpalästen In eine Welt voll Leid.
Nur seine ewig große Liebe ... Macht dazu meinen Herrn bereit.

Die Erniedrigung des Herrn der Welt, seine Beschränkung auf den Schoß eines Mädchens aus dem Dorfe Nazareth, dann sein Kommen in diese Welt, in einem Stall, wie ein hilfloses Kind, all dies wird in dem alten Kirchenliede ausgesagt.

Gelobet seist Du, Jesu Christ,
daß Du Mensch geboren bist
von einer Jungfrau, das ist wahr,
des freuet sich der Engel Schar.
Kyrieleis.

Des ewigen Vaters einig Kind
jetzt man in der Krippen findt;
in unser armes Fleisch und Blut
verkleidet sich das ewig Gut.
Kyrieleis.

Den aller Welt Kreis nie beschloß,
der liegt in Mariens Schoß;
er ist ein Kindlein worden klein,
der alle Ding erhält allein.
Kyrieleis.

Das ewig Licht geht da herein,
gibt der Welt ein' neuen Schein;
es leucht' wohl mitten in der Nacht
und uns des Lichtes Kinder macht.
Kyrieleis.

Der Sohn des Vaters; Gott von Art,
ein Gast in der Welt hie ward
und führt uns aus dem Jammertal;
er macht uns Erben in seim Saal.
Kyrieleis.

Er ist auf Erden kommen arm,
daß er unser sich erbarm
und in dem Himmel mache reich
und seinen lieben Engeln gleich.
Kyrieleis.

Das hat er alles uns getan,
sein groß Lieb zu zeigen an.
Des freu sich alle Christenheit
und dank ihm des in Ewigkeit.
Kyrieleis.

Sogar seine Geburt war mit dem Tode verwoben. Jede Minute seines Erdenlebens war für ihn ein Tod, jede Minute bedeutete Aufopferung seiner selbst und seines Willens, doch, wie er seinen Jüngern sagte, den Willen seines Vaters zu tun, war seine Speise.

Wir erkennen in seinem Erdenleben einen ganz neuen Weg, mit Menschen umzugehen, sie zu lieben und ihnen zu dienen auf Kosten seiner selbst. Aus diesem täglichen Sterben, wegen dieses Sterbens und seiner Kulmination im leiblichen Tod als gemeiner Verbrecher quoll das Leben hervor. Er ist die Auferstehung. Er ist Leben. Er möchte uns Leben geben.

Das wird von Dir verlangt, um ganz und gar ein Mann zu sein, Peter. Du muß am Leben Christi teilhaben. Ohne ihn kannst du nichts tun – einfach gar nichts. Aber mit ihm – alles. Die Bereitschaft eines Mannes, sein Leben aufzuopfern für seine Familie, seine Frau oder einen andern Menschen, der ihn braucht, ist nicht das Ende aller Dinge. Es ist nur das Ende seiner selbst.

Ich weiß, daß es so ist. Es gibt Zeiten, wo alles in uns widerstrebt, den nächsten Schritt zu tun, der getan werden muß. Denk an Abraham, wie er wirklich seine Habe zusammenpackte und sich verabschiedete und sich auf die Reise durch die Wildnis machte. Denk an die Entscheidung, die Daniel traf, nachdem er den Beschluß des Königs vernommen hatte. Sollte er einfach weitergehen und die Fenster, die nach Jerusalem gingen, öffnen und niederknien, wo er doch so leicht verspottet werden konnte, und das Wagnis auf sich nehmen, ein Wagnis auf Leben und Tod? Alles im Leben dieser Männer muß geschrien haben: Nein! Alles, außer einem: ihr Wunsch, Gott zu gefallen. Vergiß nicht, daß Daniel ein junger Mann war – etwa in Deinem Alter – mit den gleichen Ambitionen, Sehnsüchten und Versuchungen.

Vor einigen Tagen habe ich mit einem Mann gesprochen, der gerade auf höchst dramatische und traumatische Weise aufgefordert wird, nein zu sich selbst zu sagen. Sein Stolz, sein Ansehen und sein Selbst-Image machen ihm zu schaffen. Er möchte, fast verächtlich, ja sagen, aber er weiß, daß er nein sagen soll. Ich wünschte von ganzem Herzen, ich könnte ihn dazu bringen zu erkennen, daß die Welt nicht zusammenbricht, wenn er nein sagt. Es wäre wirklich nur das Ende seiner selbst, und dieses Ende wird Freiheit und Freude und Licht und Vergnügen sein – ja ich bin ganz sicher – Vergnügen! Aber dieses Vergnügen stellt sich nicht ein trotz des Verzichts, sondern gerade deswegen. Das Nein ist die Voraussetzung. »Die Männer, die durch das Kreuz gekennzeichnet sind«, schrieb G. K. Chesterton, »gehen vergnügt in der Finsternis.«

Das Leben entsteht nicht trotz, sondern wegen des Todes. Gott vermochte, seinen Willen durch Abraham auszuüben, nicht trotz der Leiden und Opfer Abrahams, sondern gerade ihretwegen. Daniel ist ein strahlendes Beispiel für echten Glauben (und belebt zugleich auch unseren Glauben), nicht trotz der Verordnung der Löwengrube, sondern gerade weil er sie erduldete. Solch ein Tod war notwendig, um einen lebendigen Glauben sichtbar zu machen.

?

Wer ganz und gar ein Mann ist, hat das Recht auf sich selbst aufgegeben. »Nimm mein Blut«, schrieb Jim Elliot in sein College-Tagebuch. »Nimm es ganz. Laß es ausgeschüttet sein für das Leben der Welt.« Als die Chance sich ergab, etwas Großes in Gehorsam gegenüber Gott zu wagen, nahm er die Chance wahr – er ging »vergnügt«! Ich bezweifle, daß er sich an die Worte dieses Gebetes erinnerte, aber die Sache war lange vorher abgemacht. Die Straße des Lebens sollte der Weg des Todes sein.

Autorität ist angemessen

Wenn Gott möchte, daß wir eine Arbeit tun, dann wird er uns auch die Gaben geben, die für diese Arbeit notwendig sind. Darauf können wir uns felsenfest verlassen.

»Es sind verschiedene Gaben; aber es ist ein Geist.
Und es sind verschiedene Ämter; aber es ist ein Herr.«
Und es sind verschiedene Kräfte; aber es ist ein Gott, der da wirkt alles in allen.
In einem jeden offenbart sich der Geist zum Nutzen aller ...
denn wir sind durch einen Geist alle zu einem Leib getauft ...«
(1. Kor 12,4-7.13)

Ein Körper braucht einen Kopf. Er braucht eine Quelle der Autorität. Christus ist die Quelle jeder Autorität.

»Denn in ihm ist alles geschaffen, was im Himmel und auf Erden ist, das Sichtbare und das Unsichtbare, es seien Throne oder Herrschaften oder Mächte oder Gewalten; es ist alles durch ihn und zu ihm geschaffen. Und er ist vor allem, und es besteht alles in ihm. Und er ist das Haupt des Leibes, nämlich der Gemeinde. Er ist der Anfang, der Erstgeborene von den Toten, damit er in allem der Erste sei.« (Kol 1,16-18)

Hier ist nun etwas Erstaunliches festzustellen. Der Mann, so wird uns in Epheser 5,23 gesagt, »ist das Haupt der Frau, wie auch Christus das Haupt der Gemeinde ist, die er als seinen Leib erlöst hat.«

Unzählige Seiten sind geschrieben worden, um zu beweisen, daß die »Führungsrolle« des Mannes nicht das geringste mit Autorität zu tun hat. Der Mann ist bloß die »Quelle«. Es ist schon richtig, daß er die Quelle der Frau ist – das heißt, die Quelle ihres Seins – wenn sie aus einer seiner Rippen gemacht wurde, aber in dem zitierten Bibelabschnitt geht es um den Vergleich der Beziehung des Kopfes einer Person zu ihrem Körper. Die Arme und Beine erhalten Befehle vom Kopf. Man kann einen Arm oder ein Bein abschneiden, trotzdem bleibt der Körper funktionstüchtig. Aber wenn der Kopf abgeschnitten wird, ist es mit dem Körper vorbei.

Wenn der Mann das »Haupt« der Frau ist, wie auch Christus das Haupt der Gemeinde ist, dann muß er über sie Autorität ausüben. Dies zu verleugnen, bedeutet, die Analogie ihrer zentralen Aussage zu berauben.

Die Bereitschaft Christi, das Haupt der Gemeinde zu sein, war ein Teil seiner Unterordnung unter den Vater. Die Bereitschaft eines Mannes, das Haupt seiner Frau zu sein, ist eine Frage der Unterordnung – unter Christus. Für die Frau bedeutet Opposition gegen die Autorität des Mannes Opposition gegen Gott. Wenn der Mann die Autorität verwirft, ist er Gott ungehorsam.

Mann und Frau empfangen die Gaben, die ihnen für ihre Arbeit angemessen sind. Was wir – Männer oder Frauen – sind, entscheidet, was wir tun. Die Welt sieht die Geschlechtlichkeit als etwas materiell Gegebenes an, das wir nach Belieben gebrauchen können. Für den Christen ist das Geschlecht des anderen zuerst eine – mächtige und nicht zu leugnende – Gabe, die in den Gedanken und der Liebe Gottes ihren Ursprung hat. Es bestimmt, wer er oder sie ist, und bestimmt in gewaltigem Ausmaß, was er oder sie tut; denn die Gabe ist seinem oder ihrem Beruf angemessen – nicht nur dem »Beruf«, die Species fortzupflanzen, sondern in der Welt, in der Gemeinde und der Familie ein Mann oder eine Frau zu sein.

Es ist bemerkenswert, daß neuere Studien in der Ethnologie, Anthropologie, Endokrinologie und experimentellen Psychologie dahin neigen zu bekräftigen, was Mütter und Dichter schon immer gewußt haben – daß Mann und Frau nicht nur unterschiedlich gebaut sind, sondern auch unterschiedlich denken und handeln. Zwei bekannte Psychologen, Karl Pribram und Dianne McGuinness, haben gefolgert, daß Frauen »kommunikative« Wesen seien, die mehr auf Menschen orientiert sind, während Männer »manipulativ« und mehr an den Dingen interessiert sind. Als man Jungen und Mädchen dreidimensionale Gegenstände gab, die sie auseinandernehmen sollten, haben die Jungen die Mädchen bei weitem übertroffen.

Die Meinung, daß verhaltensmäßige Unterschiede bei Jungen und Mädchen nur das Ergebnis der Umwelt seien, ist nicht mehr haltbar; denn es gibt immer mehr Beweise für eine »genetische Komponente in bestimmten Arten des Verhaltens – zum Beispiel Aggression und Fürsorgetrieb – die gewöhnlich als spezifisch männlich oder weiblich angesehen werden ... In keiner menschlichen Kultur, die je untersucht wurde, war die Frau aggressiver als der Mann.«*)

Es paßt vorzüglich, daß der eine führt und der andere folgt. Es geht alles besser so, und es ist eine Erleichterung, nicht abstimmen zu müssen, wer führen soll. (Welch eine zeitraubende Angelegenheit das wäre!) Gott hat das alles schon bewerkstelligt, und wenn wir mit seinem Plan übereinstimmen, geschieht alles, wie er es haben möchte: freundlich und ordentlich.

Wenn Paulus den Kolossern schreibt: »Und alles, was ihr tut mit Worten oder mit Werken, das tut alles im Namen des Herrn Jesus und dankt Gott, dem Vater, durch ihn« (Kol 3,17), dann sagt er sofort, welche »Werke« er meint: »Ihr Frauen, ordnet euch euren Männern unter! ... Ihr Männer, liebt eure Frauen!«

Wer sich ehrlich bemüht hat, dies zu befolgen, weiß, daß es harte Arbeit ist. Es hat keinen Zweck, so zu tun, als ob wir etwas »im Namen des Herrn Jesus« tun, wenn wir es nicht in seiner Weise tun.

»Was Männer aus eigener Initiative tun«, schreibt Micea Eliade in The Sacred and the Profane (Das Heilige und das Profane), »was sie ohne ein mathematisches Beispiel tun, ist profan und deshalb eitel, illusorisch, unecht.« Uns wurde ein Beispiel gegeben. In Jesus müssen die Prinzipien und Verhaltensmuster gesucht und erkannt werden.

*) Tim Hackler, Women Vs. Men: Are They Born Different?

Wer freit?

Es ist angebracht, Peter, daß der Mann Autorität nicht nur deshalb ausübt, weil er genetisch als Aggressor festgelegt ist, sondern auch weil ihm geistliche Verantwortung gegeben wurde. Die Frage des »Freiens« ist nicht unwichtig.

Eine junge Frau ging in einer Seminar-Bibliothek auf einen Mann zu, der in sein Studium vertieft war. Sie kniete neben seinem Stuhl und ließ schüchtern ein Zehncentstück über den Tisch neben seinen Büchern gleiten.

»Das ist alles, was ich habe«, sagte sie. »Aber wenn Du fünf Cents hast, können wir gemeinsam eine Tasse Kaffee trinken.« Obwohl der Mann unwillig war, weil er nicht nur in seinen Studien unterbrochen, sondern auch in solch eine undefinierbare Situation gebracht wurde, ging er doch mit ihr und zahlte zwei Tassen Kaffee, weil er sah, wie verzweifelt sie war.

Du könntest diese Episode sicher durch zwanzig andere ergänzen. Ich erinnere mich, wie Du mir von dem Abend erzählt hast, an dem Du für eine Catering-Firma auf einer Hochzeitsparty beschäftigt warst. Eine der etwas attraktiveren jungen Damen bat Dich zum Tanz.

Das war wirklich eine peinliche Situation; denn sie konnte Dich unmöglich für einen Gast gehalten haben: Du trugst Deinen weißen Kellneranzug mit schwarzer Fliege. Aber Du benahmst dich wie ein Kavalier und hast ihr, pflichtbewußt, wie Du bist, einen Korb gegeben.

Frauen werben heutzutage zu sehr um die Männer. Ihre Taktik ist niederschmetternd, aber vielleicht hat sich nie jemand die Mühe gemacht, ihnen zu erklären, warum diese Vorgehensweise unangebracht ist. Ich weiß von Mitteilungen, die in Briefkästen des Seminars geworfen werden, von Anrufen, »zufälligen« Treffs auf den Fluren, die auf geheimnisvolle Weise sich zu wiederholen scheinen.

Studentinnen fragen mich, wie sie mit den »Brüdern« »in Kontakt kommen« können. Es ist nicht so leicht, diese Frage richtig zu beantworten. Mehrere Trugschlüsse verbergen sich dahinter. Sie benutzen einen Ausdruck, »Brüder«, der eine geistliche Beziehung beschreibt, um zu verbergen, daß sie sich erhoffen, es möge etwas Persönliches und Gefühlvolleres dabei herauskommen. Sie behaupten, sie wünschten sich Gemeinschaft, aber die könnten sie auch mit ihren Zimmerkameradinnen haben. Sie sind an Freunden interessiert, was denn sonst, und ich gönne es ihnen von Herzen! Ich mag Männer. Was ich beklage, ist, daß sie die Verantwortung übernehmen wollen. Sie versuchen, einen »Bruder« in eine »Beziehung« zu verstricken. Sie täten viel besser daran, ihre Energie darauf zu lenken, Gott zu vertrauen und das Freien dem Mann zu überlassen, den Gott für sie ausersehen hat.

»Sie meinen, ich soll überhaupt nichts tun?« fragen mich manchmal Frauen.

»Das habe ich nicht gesagt«, antworte ich dann. »Gott zu vertrauen, ist das größte, was man je tun kann. Gott zuzutrauen, daß er für Ihr Liebesleben sorgt, ist, das weiß ich aus Erfahrung, eine harte tägliche Glaubensübung.«

Es ist völlig richtig, daß Christen Brüder und Schwestern sind. Sogar eine verheiratete Frau kann eine Schwester genannt werden. »Haben wir nicht auch das Recht, eine Schwester als Ehefrau mit uns zu führen ...?« (1. Kor 9,5) fragt Paulus. Dies zeigt, daß christlich synonym mit Bruder und Schwester ist. Ältere Frauen sollten, so teilte Paulus dem Timotheus mit, nicht als Schwestern, sondern als Mütter betrachtet werden. Er beschrieb Beziehungen innerhalb der Familie Gottes. Als Kinder des einen himmlischen Vaters sind wir miteinander verwandt.

Hier zeigt sich der zweite Trugschluß, der sich hinter der Frage der Frauen verbirgt: »Wie können wir in Beziehung treten?« Die Beziehung zwischen christlichen Brüdern und Schwestern ist nicht etwas, das wir erst schaffen müssen. Sie besteht bereits. Wir sind miteinander Glieder. Wir sind aufeinander bezogen, so daß die Anstrengungen der einsamen eifrigen Frauen, die ich beschrieben habe, völlig verfehlt sind.

Ich behaupte nicht, das Gesetz vom Sinai auf meiner Seite zu haben in bezug auf die Regeln der Brautwerbung, noch weniger die der jetzt fast ganz ausgestorbenen Sitte des Rendezvous. Aber sicherlich haben die Vorbilder der Beziehung Christi zu seiner eigenen Braut eine gewisse Bedeutung für die Art und Weise, in der ein christlicher Mann und eine christliche Frau in die Ehe gehen. Wenn ein Mann seine Frau lieben soll, wie Christus die Gemeinde liebt, wenn er in bestimmter Weise das Haupt seiner Frau sein soll, wie Christus das Haupt der Gemeinde ist, dann muß er die Frau suchen, um sie werben und sie gewinnen.

Zweifellos ging es viel ungezwungener zu, als Eltern oder andere ältere oder weise Menschen die Wahl des Ehepartners trafen. Verabredete Ehen funktionierten in der Regel besser als die Mehrzahl der »spontanen« Ehen heute. Aber wir stecken in dem jetzigen System, und das Beste, was ein Mann tun kann, um seinen Weg durch die schrecklichen Schwierigkeiten zu gehen, die durch dieses System entstehen, ist, das Vorbild zu studieren. »Er zog mich mit Stricken der Liebe und band mich so an sich«, wie es in einem Lied heißt.

Suchen, freien und gewinnen, wenn man nicht mehr die Hilfe einer altehrwürdigen und weisen Sitte hat – denn die Sitten werden verachtet – kann dennoch sinnvoll, züchtig und mit Gebet geschehen. Der Herr hat allen, die ihn darum bitten, Weisheit versprochen. Er hat denen Leitung verheißen, die bereit sind, den Weg anzunehmen, den Er wählt. Er hat verheißen, die Wünsche aller zu erfüllen, die Ihn fürchten.

Das Lied eines unbekannten Dichters beschreibt, wie Christus wirbt:

> Ich suchte den Herrn, und danach wußte ich,
> Er bewegte meine Seele, Ihn zu suchen; denn er suchte mich;
> Nicht ich fand Dich, o Heiland,
> Nein, ich ward von Dir gefunden.

Die Bibel spricht oft davon, daß Gott die Liebe seines Volkes suchte, wie ein Liebender die Geliebte sucht. Ich habe schon darauf hingewiesen, wie Hesekiel Jerusalem mit einem unerwünschten Kind vergleicht, das aufs freie Feld geworfen und gerettet wurde und zu einem hübschen Mädchen heranwuchs. »... Und ich schwor dir's und schloß mit dir einen Bund, spricht Gott der Herr, daß du solltest mein sein.« (Hes 16,8) Ephraim wird mit einem Kind verglichen, das gehen lernt, in Gottes Arme genommen, geheilt und geführt wird »in Seilen der Liebe« (Hos 11,4). Diese Vorstellung weist wieder auf die Transzendenz der geschlechtlichen Beziehung hin. Es ist sicher nicht verfehlt, diese Transzendenz anzuerkennen, wenn immer es möglich ist – sogar bei einer so offensichtlich flüchtigen Gelegenheit wie dem Rendezvous –, denn ein Rendezvous ist zumindest ein erster Zugang zur Ehe und vielleicht der einzige aus alter Zeit übernommene förmliche in unserer Gesellschaft.

Autorität bedeutet Opfer

Was ist, wenn sie mir einen Korb gibt?« Brüstet sich da ein Mann wie ein Stolzhahn, daß er nie diese Frage stellt?

Der Initiator nimmt immer Risiken auf sich. Christus nahm sie um unseretwillen auf sich. »Er kam in sein Eigentum; und die Seinen nahmen ihn nicht auf.« (Joh 1,11)

Einer der hübschesten jungen Männer, die ich kenne, erklärte mir, daß er sich mit einem bestimmten Mädchen treffe, nur weil er einsam sei, und sie machte es ihm deutlich, daß sie noch frei sei, und er hatte keine Angst, daß er abgelehnt werden könnte. Weil ich die Klagen der Mädchen kenne, die vergeblich in den Studentenheimen auf einen einzigen Telefonanruf warten, fand ich es tatsächlich schwer, zu glauben, daß dieser blendend aussehende Mann fürchtete, abgewiesen zu werden.

Aber wir alle glauben das. Lieben zu wollen, statt geliebt werden zu wollen, erfordert Opfer. Die Liebe streckt sich aus, bereit, abgelehnt oder belästigt zu werden, sie erwartet keine persönliche Belohnung, sie möchte nur geben.

Aber das ist ein unmöglicher Maßstab für einen liebenden Menschen, wirst Du sagen. Man ist nicht Immerwährende Liebe – weit davon entfernt. Die unvermeidliche Tatsache ist jedoch, daß dieser – »unmögliche« Maßstab der Maßstab ist. Es gibt keinen anderen Maßstab, an dem wir unsere Liebe messen sollen. »… daß ihr euch untereinander liebt wie ich euch liebe« (Joh 15,12), sagte Jesus, und Paulus schrieb: »Ihr Männer, liebt eure Frauen, wie auch Christus die Gemeinde geliebt hat und hat sich selbst für sie dahingegeben, um sie zu heiligen. Er hat sie gereinigt (denk an das weggeworfene Kleinkind auf dem Feld) durch das Wasserbad im Wort, damit er sie vor sich stelle als eine Gemeinde, die herrlich sei und keinen Flecken oder Runzel oder etwas dergleichen habe (denk daran, daß das Kind zu einer hübschen Frau heranwuchs), sondern die heilig und untadelig sei.« (Eph 5,25-27) So gehen die Bedingungen weiter.

Denk über diese Liebe nach, Peter! Sie ist meilenweit entfernt von dem sentimentalen egoistischen Gefühl, das die Welt Liebe nennt. Sie hat damit wirklich nichts zu tun. Sie ist eine hochheilige Aufforderung, Dich selbst zu vergessen.

»Mich selbst vergessen? Niemals!« Das ist eine normale menschliche Reaktion. Das geht natürlich nicht ohne die Gnade Gottes.

Wir sind dazu gerufen, mit Christus an Seinem eigenen Werk teilzunehmen, mit Seiner Liebe zu lieben, zu tun, was Er für andere tut. Das kann man in der Welt nicht alleine schaffen. Wir können es tun, weil Er sein Leben in uns lebt.

Wenn Du Dich bei dem Gedanken ertappst: »Aber ist es nicht höchste Zeit, daß ich ein wenig gewürdigt werde? Hat sie nicht auch Verantwortung zu tragen? Mensch, ich mach' das alles!«, dann ist es an der Zeit, noch einmal den Maßstab anzusehen, »dieselbe Art Liebe, die Christus gab.«

Du möchtest, daß Deine Frau sich unterordnet? Dann mußt Du lange und ständig auf die Art Liebe schauen, die Christus gab. Sie beruhte auf Selbstaufopferung. Dies ist die Grundlage für Autorität. Sie beginnt mit dem Opfer. Sie wird durch Opfer erhalten. Napoleon sagte einmal, daß er ein Reich auf Gewalt errichtet habe, während Jesus eins auf Liebe errichtet hat. Denn seit zweitausend Jahren gab es keine Zeit, da nicht Hunderttausende bereit waren, für ihn zu sterben. Keine Macht auf Erden kann sich mit der Macht der opfernden Liebe messen.

Es reicht nicht aus, einfach »mit seinen Gefühlen durchzugehen«. Du weißt nie, wohin Deine Gefühle Dich treiben. Manchmal wirst Du Dich fühlen, als ob Du aufgeben oder ausweichen müßtest. Pantoffelhelden sind gewöhnlich solche, die dieser Versuchung erlegen sind. Wenn die kleine Frau es wünscht, was immer es sei – vom Geschirrspüler zur Vollmacht über das Scheckheft – gib es ihr. Indem sie so ihre Pflicht versäumen, geraten diese großzügigen Männer selbst in Unterordnung, statt in verantwortlicher Stellung zu stehen.

Es gibt aber auch die entgegengesetzte Versuchung: wie ein Feldwebel zu befehlen. Schwache Männer, die ihrer Autorität nicht gewiß sind, betonen sie herausfordernd.

»Was würden Sie tun«, fragte ich vor kurzem einen bekannten Theologen, »wenn Ihre Frau Ihnen den Gehorsam verweigerte und beispielsweise nicht antworten will, wenn Sie sie fragen, wo sie gewesen ist?«

»Ich neige mehr dazu zu überreden, als zu fragen«, antwortete er.

Weder das eine Extrem (seine Pflicht zu versäumen), noch das andere (zu tyrannisieren) kennzeichnet einen wahren Mann. Der wahre Mann weiß, wann für ihn etwas zu schwer ist und er Hilfe braucht. Er wird zu dem einzigen getrieben, der weiß, wie man so liebt, und er bittet ihn auf seinen Knien um Hilfe. Dies wird ihn von der Wut befreien, die oft auf Gehorsamsverweigerung folgt, und von dem Gefühl der Hilflosigkeit und von verletztem Stolz. Er hält seine Frau dem Herrn entgegen, weil er sie liebt und für sie betet. Er macht sie zum Opfer und zur Gabe, wenn er auf Gewalt verzichtet. Er gibt auch sich selbst hin, heilig und Gott angenehm.

Es gäbe sicher viel weniger Ehescheidungen, wenn Männer wüßten, wie sie aufopfernd lieben sollen. Die meisten Vernünfteleien, die als Gründe für die Scheidung angegeben werden, drehen sich um das Glück der beiden Menschen. Sie haben sich verändert, seit sie mit zwanzig geheiratet haben. Sie sind nicht mehr der Mann und die Frau, die sie damals waren. Sie haben sich auseinandergelebt. Der eine oder andere findet keine Erfüllung. Sie haben sich nie »wirklich geliebt«. (Kann man dem Gedächtnis in dem Maße vertrauen?) Wenn Menschen sich hassen, können sie sich wahrscheinlich nicht mehr erinnern, wie es war, als sie sich liebten.) Die Beziehung funktioniert einfach nicht. Sie würden getrennt viel freier sein. »Unser Leben zu vergeuden, wäre eine Sünde«, wie es in einem Lied heißt. Und so weiter …

Scheidung ist nicht möglich. Gott haßt sie. Man wählt aus freien Stücken eine Frau; und dann bindet man sich, durch feierliches Versprechen vor Gott und Zeugen, daß man sie lieben, ehren und pflegen will, bis der Tod die beiden scheidet. Man verspricht, von allen anderen sich zu trennen.

Niemand kann sich an solche Versprechungen aus eigener Stärke halten. »Der Arm aus Fleisch wird Dir versagen. Du darfst Dir selbst nicht trauen«, wie es in einem alten Lied heißt. Wer überwindet, tut das nicht durch Kraft oder Willen oder größere Charakterstärke, sondern durch das Blut des Lammes. Ein Opfer mußte Seine Liebe für uns bringen. Nichts weniger als ein Opfer wird von uns verlangt, wenn wir ernsthaft ein Leben lang lieben wollen.

Führerschaft durch Leiden

Ärzte sind sich im allgemeinen einig, daß Männer nicht sehr gut im Leiden sind. Eine Freundin sagte mir, sie habe nichts dagegen, daß ihr Mann ins Bett geht, wenn er erkältet ist oder einen kleinen Anfall von Wintergrippe hat. Es macht ihr nichts aus, ihm die Zeitung und die heiße Zitrone zu bringen und den Fernseher für ihn anzustellen. Es macht ihr auch nichts aus, ihm Hühnersuppe zu bereiten. »Aber wenn das Stöhnen losgeht ...!« Das macht ihr etwas aus.

Einer anderen Freundin wurde der Dickdarm entfernt. Als ich sie anrief, um sie zu trösten und ihr zu sagen, wie sehr ich ihren Schreck verstehe, den sie empfinden müsse, weil sie nun so verstümmelt sei, da lachte sie und sagte: »Ach, ich glaube, ich habe nicht einmal daran gedacht. Es geht mir gut, wirklich!« Ich erwähnte dann, was Ärzte über die Fähigkeit der Frauen, Schmerz zu ertragen, sagen, und wieder lachte sie. »Ich glaube, es muß so sein, weil Frauen gewohnt sind, sich elend zu fühlen.«

Mag dies stimmen oder nicht, ich weiß, daß Führerschaft durch Leiden entwickelt wird. Die Männer, die zur Führung bestimmt sind, müssen lernen, wie sie führen sollen. Es lebte einmal ein Mann, der eine Stellung aufgab, die weit über den Engeln war, und viel niedriger wurde als sie, um dem Schmerz und Tod unterworfen zu sein; »denn durch Gottes Gnade sollte er für alle den Tod schmecken.« (Hebr 2,9) Er schmeckte ihn an jedem Tag seines Erdenlebens, indem er nicht tat, was er wollte, sondern was sein Vater wollte, daß er tun sollte. Er wuchs auf in einem einfachen Landhaus, arbeitete wahrscheinlich viele Jahre als Zimmermann und war in den letzten drei Jahren seines kurzen Lebens ein Wanderprediger, der, wie George MacDonald sagt: »angesichts der Ehrbarkeit voller Vorurteile, der wahrheitshassenden Heuchelei, der nichtssagenden Religion und stumpfen Buch-Gelehrsamkeit erklärte: »Ich bin das Leben!« Jedes Ereignis seines Erdenlebens war ein Geschmack des Todes. Eins der frühesten Geschehnisse wird dies verdeutlichen helfen. Er ging in die Synagoge von Nazareth, wo er aufgewachsen war, und als ihm der Diener der Synagoge die Buchrolle reichte, stand er auf und las aus Jesaja 61. Er setzte sich und sprach: »Heute ist dieses Wort der Schrift erfüllt vor euren Ohren.« Die Gnade (»reine himmlische Gabe, die man weder erbitten noch fordern kann, und Lieblichkeit, köstliche, lebhafte Schönheit«, so die Definition von Romano Guardini), mit der er sprach, verwunderte die Zuhörer. Heiligkeit war mitten unter ihnen, die Gegenwart Gottes selbst, doch ihre Antwort war herausfordernd und ablehnend: »Ist dieses nicht Josephs Sohn?« Genau wie wir alle reagieren: anstatt uns der Wahrheit zu stellen, greifen wir den an, der sie spricht, und suchen seine Glaubwürdigkeit zu unterminieren, damit wir dem Schwert ausweichen, das bis ins Mark dringt.

Jesus wußte, was es heißt, ignoriert, mißverstanden und verhöhnt zu werden, er kannte Opposition. Er wurde schließlich von einem Jünger verraten, von denen, die ihm am nächsten standen, verlassen, vom Pöbel gefangengenommen, beschuldigt, man log über ihn, er wurde geschlagen, geohrfeigt, entkleidet und zuletzt als gemeiner Verbrecher an ein Holzkreuz genagelt.

»Denn es ziemte sich«, sagt der Schreiber des Hebräerbriefes, »daß er (Gott) den, der viele Söhne zur Herrlichkeit geführt hat, den Anfänger ihres Heils, durch Leiden vollendete.« (Hebr 2,10)

Ein Mann, der ein Führer sein soll, muß sich auf die Führerschaft vorbereiten, genau wie Jesus sich vorbereitete: indem er bereit war zu leiden. Das Wort klingt fast fremd für moderne Ohren. Was wissen wir in diesem wunderbaren Land vom Leiden? Als Nation haben wir nie wirklich Mangel gekannt. Wir sind nicht verfolgt worden. Es gab nie Krieg auf unserem eigenen Boden während unseres ganzen Lebens. Es gab natürlich Erdbeben, Überschwemmungen, den kürzlichen Ausbruch des Vulkans St. Helena im Staate Washington. Es gibt immer Krankheit. Es gibt

Tumulte, Streiks und Verbrechen. Gewaltsamer Tod droht uns auf den Autobahnen, in den Städten. Obwohl wir durchs Fernsehen für die möglichen Gefahren ein weit ausgeprägteres Bewußtsein haben, liegen vernünftige Leute nicht nächtelang wach, um darüber nachzusinnen, welches Unheil sie treffen könnte. Die meisten von uns haben zugegebenermaßen ihre Zeit der Angst, wenn die Phantasie uns übermannt und wir uns auf verschiedene Weise ausmalen, wie der Boden unter unseren Füßen wankt. Aber was muß der Mann Gottes tun in bezug auf dieses sogenannte Leiden?

Ich glaube nicht, daß er danach suchen muß. Er trifft bestimmte Entscheidungen in seinem Leben: er wählt eine Karriere, eine Frau, einen Ort zum Leben. Wenn er reif und verantwortungsbewußt ist, nimmt er die Bedingungen dieser Entscheidungen an, auch wenn einige von ihnen Leid der einen oder anderen Art mit sich bringen. Wir halten wohl kaum die normalen »Bremsen« unseres Lebens für Leiden; doch die moralischen, seelischen, körperlichen und finanziellen Verpflichtungen, die ein Mann gewöhnlich auf sich nimmt, wenn er eine Frau oder Frau und Kinder hat, sind ein guter Ausgangspunkt. Die Jagd nach einer angemessenen Arbeit, Steuern, Beförderung, Wettbewerb und Familienoberhaupt zu sein – ganz zu schweigen vom täglichen Pendeln, Haus, Hof und Auto instand halten, ein gutes Gemeindemitglied sein und die Rechnungen begleichen – all das ergibt eine schwere Last, die ein menschliches Wesen auf seinen Schultern tragen muß. Kein Wunder, daß Thoreau die meisten Männer als solche beschrieb, die ein Leben der »stillen Verzweiflung« führen. Angst vor diesen Lasten verursacht Krebs, Herzbeschwerden, Magengeschwüre und eine lange Liste anderer Krankheiten. Verzweiflung führt sie zu Ehescheidung und Selbstmord. Christen wissen, daß es einen gibt, der das Joch erleichtert.

Das englische Wort für Leiden, suffer, kommt aus dem Lateinischen und bedeutet einfach »unter etwas tragen«. Ein Führer ist ein Mann, der nicht unter Lasten stöhnt, sondern sie als selbstverständlich hinnimmt, sie zuläßt, sie erduldet – mit einem Schuß Humor. Er weiß, seinen Mund bezüglich seiner Schwierigkeiten zu halten und wie er seinen Tag verbringen muß, indem er still tut, was im Augenblick notwendig ist. Solchen Männern werden Menschen folgen.

Wieder muß ich Dir sagen, tu es nicht allein. Vielleicht meinst Du, ich reite zu sehr auf diesem Punkt herum. Aber wenn auch die »Regeln« zur Führerschaft keineswegs übernatürlich scheinen, müssen wir uns ständig daran erinnern, daß Christus es ist, der uns ruft, Christus, der uns fähig macht, Christus, der seine Gegenwart und Kraft verheißt. Wen rief er, sein Jünger zu sein? Waren es nicht ganz einfache Männer? Keiner war, soweit wir wissen, vor seiner Berufung zum Jünger außergewöhnlich. Nicht ungewöhnliche Gaben waren es oder eine besondere Geistlichkeit oder eine erfolgreiche weltliche Stellung, die Jesu Aufmerksamkeit auf sie zog. Er verbrachte eine Nacht im Gebet zu seinem Vater, ehe er sich entschied, und dann ließ er den Ruf ergehen – in völliger Übereinstimmung mit dem Willen seines Vaters. Ich bete, Peter, daß Du (und andere, die dies lesen) auf den Ruf antwortest, bereit zu sein, Leiden zu ertragen, um zu führen, und der Letzte zu sein, damit Du der Erste bist.

Sachwalter des Geheimnisses

Der Mann ist das Haupt der Frau. Die Bibel sagt nicht, er sollte es sein oder er muß danach streben, es zu werden. Sie sagt, er ist, genauso wie Christus das Haupt der Gemeinde ist. Ganz gleich, wie oft ich über diese gewichtige Versicherung des Paulus nachdenke, ich verstehe sie nicht. Paulus sagte, es sei ein großes Geheimnis.

In einer anderen Bibelstelle spricht er davon, daß wir »Haushalter über Gottes Geheimnisse« (1. Kor 4,1) sind. Ich denke, daß er vor allem von Dienern oder Aposteln spricht. Aber wenn ein Mann das Haupt seiner Frau ist, ist er ebenfalls für ein Geheimnis verantwortlich – verantwortlich, sein eigenes Leben und das seiner Frau zu ordnen gemäß dem, was die Ehe versinnbildlicht.

Ja, schön. Alles sehr theologisch und tiefgründig, wirst Du sagen. Aber was hat das damit zu tun, unter einem Dach zusammen zu wohnen, am selben Tisch zu sitzen und im selben Bett mit einer Frau zu schlafen?

Die Antwort: Alles! Es hat alles zu tun mit der Ehe, damit zu tun, was Christus tut.

»Sein Leben hinzugeben« für sie, wie Christus sein Leben hingab für seine Braut, bedeutet zunächst, Dich zu entschließen, Deine Privatsphäre und Deine Unabhängigkeit aufzugeben. Diese Frau wird in allem vorhanden sein.

»Laß eine Frau in Dein Leben«, sang Rex Harrison in My Fair Lady, »und Deine Heiterkeit ist hin!«

> Sie wird eine schallende, lärmende Familie haben,
> Die über Dich herfällt en masse.
> Sie wird eine große wagnerianische Mutter haben,
> Deren Stimm' zerschmettert Glas.

Vielleicht ist es nicht immer so schlimm, aber Dein Haus wird Dir nicht mehr allein gehören. Es gehört uns. Du wirst lernen müssen zu sagen: »Komm hierher an unsern Platz«, nicht »meinen Platz«. (Und es wird gut sein, wenn Du Dich mit Deiner Frau besprichst, bevor Du Einladungen verschickst!) Du wirst bemerken, daß einige Sachen nicht dort bleiben, wo Du sie hingelegt hast. Dies hat seine Vorteile, wenn Du zu den Männern gehörst, hinter denen her man immer aufräumen muß. Du kannst Dinge auf den Boden fallen lassen, doch das Haus bleibt trotzdem aufgeräumt. Es kann Dich jedoch zur Raserei bringen, wenn die Autoschlüssel nicht mehr auf der Waschmaschine liegen, wo Du sie hingelegt hast, und daß die Karten fürs Ballspiel nicht mehr in der Tasche Deiner Golfjacke sind; die Golfjacke war in der Reinigung.

Erinnere Dich daran, bevor Du alles über den Haufen wirfst, daß Du diese Frau in Dein Leben eingeladen hast. Eins der Opfer, das die Liebe zeitigt, ist die Aufgabe der Privatsphäre. Denk daran, welche ewige Unruhe sich Gott bereitete, als er uns zunächst schuf und dann uns einlud, seine Braut zu sein!

Eine weitere Analogie in diesem Geheimnis ist der Name, den Du ihr gibst. Gott erwählte das Volk Israel, seinen Namen zu tragen. Die Propheten sprechen oft von dem Volk Gottes , das »nach seinem Namen genannt ist.« Eine Frau, wenn sie nicht gerade eine Feministin ist oder keine Ahnung davon hat, daß es ein wichtiger Unterschied ist, nimmt den Namen ihres Mannes an. Sie macht damit deutlich, daß sie ihn als ihre Identität annimmt. Sie wird immer unter diesem Namen geführt werden. Sie verliert ihren eigenen Namen – in jeder Hinsicht. Ich hörte, wie eine Witwe gerade in der vorigen Woche sagte, daß, als ihr Mann starb, sie »keine Identität« mehr hatte. – »Warum nicht?« wollte ich fragen. Sie war immer noch dieselbe Frau, die sie vor seinem Tod war. Sie hatte noch seinen Namen. Sie war nun seine Witwe, aber nicht mehr seine Frau, und das war ihre Identität. Sie brauchte wirklich nichts zu tun, um zu zeigen, daß sie jemand war.

Wir gehören dem Herrn. Wir tragen seinen Namen. Wir sind Christen. Diese Identität kann manchmal verfolgt und belächelt werden, aber das sind wir. Du gibst Deinen Namen mit allem, was er beinhaltet, der Frau, die Du heiratest. Und von da an wird sie mit dem identifiziert, was Du bist.

Ein Mann bittet seine Frau, mit ihm sein Los zu teilen. Was ihm gehört, wird ihr zuteil; wo er geht, wird auch sie gehen, was er leidet, wird sie leiden; seine Vorrechte werden ihre sein. Sie sieht nicht oft den Preis voraus, den sie zahlen muß. Sie sieht die Freuden. Aber beides ist ihr Teil. Deshalb sind Eheversprechen so notwendig. Sie erinnern beide Ehepartner daran, daß die Geschichte nicht nur »zum Besseren«, »in Reichtum«, »in Gesundheit« ablaufen wird. Sie versprechen, zusammenzuhalten auch im gegenteiligen Falle: zum Schlechteren, in Armut, in Krankheit.

Als Jesus Jünger zu sich rief, erinnerte er sie daran, daß er keinen Ort habe, wo er sein Haupt hinlegen könne. Waren sie bereit, dies Geschick mit ihm zu teilen? Sie mußten diese Frage zuerst beantworten, aber es war nicht die ganze Geschichte. »Dulden wir, so werden wir mit (ihm) herrschen ...« (2. Tim 2,12) heißt das ruhmreiche Ende. Ein Teil der Bestimmung Christi ist Königtum. »Mein Sohn, Du bist immer bei mir, und was mein ist, das ist dein.«

Es ist keine Einbahnstraße. Wenn ein Mann sein Privatleben und seine Unabhängigkeit aufgibt, dann hatte er auch jemanden, zu dem er nach Hause kommen kann. Sie ist da. Sie mag bisweilen lästig sein und voreingenommen, aber er kann sich bei ihr beklagen. Er weiß, er ist jemandem nicht gleichgültig. Obwohl er manches Mal plötzlich in der Nacht aufwachen und sich wundern mag, was ihn jemals dazu veranlaßt hat, für diese Frau, die da neben ihm schläft, Verantwortung zu übernehmen und für alle Schulden, die sie macht, und ebenso die Verantwortung für die Kinder (und vielleicht die Adoptivkinder), so wird er doch manchmal auch spüren, daß es kein zu großer Preis war, den er zahlen mußte.

»Ich weiß, Du denkst, das ist es wert«, sagte ich zu Lars (denn er läßt es mich auf vielerlei Weise wissen). »Kannst du mir einige Beispiele geben, warum das so ist?«

Er schaute verdutzt. »Weiß nicht, ob ich solche Gedanken des Nachts je hatte, aber wenn ein Mann mit den Gedanken aufwacht, die Du erwähnt hast, dann braucht er nur hinüberzulangen und zu fühlen, wie sie warm im Bett neben ihm liegt, und sich erinnern, wie es war, als er noch alleine schlafen mußte. Wenn er nach einem schweren Arbeitstag in die Garage fährt, dann kann er sich erinnern, wie es war, als er in ein leeres Haus kam, wo niemand auf ihn wartete, kein Abendessen bereitet wurde und niemand mit ihm sprach.«

Ehemann zu sein bedeutet, wie ich schon sagte, »Sorge für jemanden tragen«, »pflegen«. Wie Christus seinen eigenen Leib, seine Braut, das heißt: uns hegt, so hegt ein Mann seine Frau: hat sie lieb, ehrt sie , behandelt sie zart. Ist das zu viel erwartet von einem Mann?

Denk daran, wie Du Deinen eigenen Körper pflegst. Es macht dir keine Schwierigkeiten, ihn zu lieben, ihn hoch einzuschätzen und zart zu behandeln. Gib Deiner Frau dieselbe Zuneigung.

Paß auf! Achte darauf, wenn sie müde ist oder erkältet oder entsetzt oder Deine Umarmung braucht.

»Wer seine Frau liebt, der liebt sich selbst. Denn niemand hat je sein eignes Fleisch gehaßt; sondern er nährt und pflegt es, wie auch Christus die Gemeinde.« (Eph 5,28.29)

Die Stiftshütte der Israeliten vertrat auf geheimnisvolle Weise gewisse ewige Dinge, die die Israeliten noch nicht verstehen konnten. Es war Lektion eins, »ein heiliger Ort in dieser Welt für den ewigen Gott«, wie es in Hebräer 9 heißt. »Ein Gleichnis für die gegenwärtige Zeit«, »äußerliche Satzungen, die bis zu der Zeit einer besseren Ordnung auferlegt« waren. Die Priester waren die Verwalter dieser Geheimnisse. Ebenso ist der Mann als Priester in seinem Hause beauftragt, Geheimnisse zu hüten. Es ist seine Aufgabe, sich klar zu machen, was Ehe bedeutet – die himmlische Vereinigung des Christus und seiner Braut – und darauf zu achten, daß er dies täglich mit der Frau, die Gott ihm gab, auslebt.

Der Versuch wird oft so lächerlich erscheinen, so verzerrt, so ganz anders, als es sein sollte, daß beide sich wundern werden, warum Gott ihnen überhaupt solch eine feierliche Pflicht übertragen hat. Wenn das Toastbrot anbrennt, das Telefon klingelt, das

Kleinkind die Milch über den Rücken der Mutter spuckt und der genervte Ehemann seine Aktentasche sucht, dann wird er sich im Augenblick nicht wie ein »Verwalter von Geheimnissen«, fühlen. Dennoch ist er einer. »Niemand nimmt sich selbst die hohepriesterliche Würde, sondern er wird von Gott berufen ...« (Hebr 5, 4.5), sagt der Schreiber des Hebräerbriefes. »So hat auch Christus sich nicht selbst die Ehre beigelegt, Hoherpriester zu werden ...«

Du würdest sie für Dich nicht wählen, Peter, aber wenn du bedenkst, daß Du von Gott zu dem Werk berufen bist, und wenn Du diesen Ruf in Deinem Heim bekundest, dann wird es eine heilsame, das Leben verändernde Realität sein.

Höflichkeit

Als ich einmal einen Versammlungsraum betrat, in dem zehn Männer saßen, standen drei auf. Nach der Etikette hätte nur einer aufstehen müssen, wenn die Versammlung bereits begonnen hätte, aber man hatte noch nicht angefangen. Die drei beachteten eine Zeremonie, eine formale Handlung, die durch Sitte als einer Situation angemessen galt. Die sieben, die sitzen blieben, haben sie nicht beachtet, weil sie es nicht besser wußten oder weil sie es besser wußten, aber sie verwarfen, aus welchen Gründen auch immer, die Sitte, oder sie waren vielleicht nicht aufmerksam, der – und dies ist ein allgemeiner Grund, der eine wichtige grundsätzliche Einstellung offenbart – die wollten nicht dumm erscheinen.

Ich fragte in einer Seminar-Klasse, wieviele von denen, die verheiratet waren, ihrer Frau jemals bei Tisch in den oder aus dem Stuhl halfen, wenn keine Gesellschaft zugegen war. Nicht ein einziger meldete sich. Das Thema meiner Vorlesung an jenem Tag war Höflichkeit. Deshalb »gab ich's ihnen« zwei Stunden lang, was Höflichkeit in einem christlichen Hause bedeutet. Sind es lauter törichte und sinnlose Gewohnheiten, die Christen im Interesse der Ehrlichkeit und Einfachheit über Bord werfen können? Ich glaube, nicht, und ich versuchte, ihnen zu zeigen, warum nicht. Ich ließ ihnen eine Woche Zeit, darüber nachzudenken, und bat dann wieder, sich zu melden. »Ist hier jemand, der aufgrund der Vorlesung der letzten Woche seine Verhalten gegenüber seiner Frau, wenn auch nur geringfügig, geändert hat?« Wieder meldete sich niemand. Du brauchst diese Vorlesung nicht, Peter. Du bist immer selbstlos höflich gewesen. Wenn ich jedoch länger darüber nachdenke, dann hast du Dir wahrscheinlich über den Sinn hinter den guten Sitten nicht weiter Gedanken gemacht. Darum hoffe ich, Dich besser überzeugen zu können als jene Seminaristen.

Höflichkeit ist ein Symbol des Opfers. Wir haben über Opfer gesprochen, das tief durch alle christliche Wahrheit hindurchläuft. »Jeder Hohepriester ... wird eingesetzt ..., damit er Gaben und Opfer darbringe«, heißt es im Hebräerbrief (s. Hebr 5,1). Als Christen, als »Priester Gottes«, bringen auch wir Opfer dar: zuallererst unsere Leiber, und unser Lob, unseren Dank und unseren Glauben. Dies alles wird im Neuen Testament Opfer genannt. Es ist selbstverständlich, daß wir menschliche Wesen nichts haben, was wir Gott opfern könnten, außer dem, was uns gegeben wurde. Und Deine Mannhaftigkeit ist ein Geschenk, das Du Gott zurückgibst. Es ist auch eine Gabe, die Du Deiner Frau machst. Ohne dieses Opfer ist sie nicht frei, vollkommen Frau zu sein. Denn ganz Frau zu sein, heißt, zu reagieren, zu empfangen, zu folgen. Du mußt ihr die Gabe Deines Mannseins geben – Initiative ergreifen, verwalten, führen. Genau das möchten Frauen im tiefsten Grunde ihres Herzens haben.

Ich sage, daß Höflichkeit ein Symbol für Opfer ist, weil jede Handlung ein ganz kleines Zeichen ist, daß Du bereit bist, Dein Leben für das ihre zu geben. Wenn Du ihr das Salz reichst, sagst Du: »Du zuerst«. Wenn Du ihr in den Mantel hilfst, sagst Du nicht: »Du bist zu schwach, das zu tun«, sondern Du willst damit zeigen, daß Du bereit bist, für sie zu leiden. »Guten Morgen, Liebes, wie geht es Dir heute morgen?« ist natürlich eine Konvention (Konventionen sind nur darum Konventionen geworden, weil sie sich bewährt und eine lange Zeit etwas bedeutet haben). Aber wenn Du darüber nachdenkst, könntest Du mit diesem konventionellen Gruß meinen: »Nicht wie ich mich heute fühle, ist mir wichtig, sondern Dein Wohlbefinden.« Als Sir Walter Raleigh um der Königin willen seinen Mantel in die Pfütze legte, da war das ganz ungewöhnlich, um das mindeste zu sagen. Liebe ist bereit unkonventionell zu sein.

Es ist ein Fehler, Sitten mit den Worten zu verwerfen: »Es gehört nur zur Kultur.« Es ist Kultur, aber wir praktizieren Egoismus und Selbstlosigkeit im Rahmen der Kultur. Erinnerst Du

Dich an die Geschichte, als Jesus ein Mahl im Hause des Pharisäers Simon einnahm? Als eine »Frau der Stadt, eine Sünderin«, eine Geste der Bewunderung anbot – nämlich die Füße Jesu mit ihren Tränen zu waschen und mit ihren Haaren zu trocknen und dann Salböl darauf zu gießen –, war der Gastgeber verletzt. Welch eine Unehre, daß dieser Rabbi Jesus einer solchen Person erlaubte, daß die drei Höflichkeiten, die gewöhnlich einem Gast zuteil werden, ihm verwehrt worden waren. Simon hatte versäumt, ihm Wasser für seine Füße zu geben, ihn zu küssen oder sein Haupt mit Öl zu salben. Es ist offensichtlich, daß Jesus diese Sitten des Nahen Ostens schätzte. Wenn sie ihm nichts bedeutet hätten, hätte er sie nicht vermißt.

Als zwei Engel nach Sodom kamen, beachtete Lot die Höflichkeiten seiner Zeit: Er stand von seinem Sitz auf, beugte sich mit seinem Gesicht zur Erde und lud sie ein, die Nacht in seinem Hause zu verbringen und wusch ihnen die Füße. Als sie die Einladung angenommen hatten, buk er Brot und veranstaltete ein Fest. Er fühlte sich verantwortlich für ihre Sicherheit, als die Männer der Stadt sie angreifen wollten. »... aber diesen Männern tut nichts; denn darum sind sie unter den Schatten meines Dachs gekommen.« (1. Mose 19,8)

Petrus ermahnte Christen, alle Menschen zu ehren, den Kaiser zu ehren (1. Petr 2,17). Paulus sagte: »Einer komme dem andern mit Ehrerbietung zuvor.« (Röm 12,10) Das Hohelied der Liebe, 1. Korinther 13, 5, sagt: »Liebe verhält sich nicht ungehörig ...«

Falls die Vorschriften von Petrus und Paulus in unserer Zeit der Situationsethik als überholt erscheinen, tun wir gut daran, auf das zu achten, was ein moderner Philosoph, Eric Hoffer, schrieb: »Rauheit ist die Nachahmung der Stärke durch einen schwachen Mann.«

Höflichkeit muß eine Sitte werden, »eine charakteristische Geistes- oder Körperhaltung, eine Veranlagung, etwas, was oft und darum leicht getan wird, eine Absicht, die in einer bestimmten Weise geschieht.«

Klingt das schlecht? Ist es notwendig nichtssagend, nur weil es eine Sitte ist? Ich glaube das nicht; denn wenn Du gewohnt bist, höflich zu sein, dann wirst du immer noch richtig handeln, sogar wenn Du nicht richtig denkst oder fühlst. Und die Handlung ist es, die bei anderen zählt. Genau dafür bist Du vor Gott verantwortlich, nicht für die Launen des Gemüts oder der Stimmung. Was Du anderen tust, das tust Du dem Herrn.

Ralph Waldo Emerson sagte: »Das ist der Beginn der Zivilisation, uns anderen erträglich zu machen, Menschen zu waschen, zu kleiden und damit unaufhörlich fortfahren.«

Vom seid'nen Ich

Vor einigen Jahren wurde ich gebeten, mich auf einer Schriftsteller-Konferenz in einem College kritisch über die Lesung moderner Dichtung zu äußern. Etwa eine Stunde hörte ich zu, was heute als Dichtung ausgegeben wird: die Behandlung von Themen wie Hunger, Terrorismus, Vietnam, Krieg, Sexismus, Abtreibung. Ein paar Sätze haben sich meinem Gedächtnis eingegraben: gefährliche Mikroben ... eine Welt, in der man nicht mehr leben kann ... die Lüge unseres Lebens ... männliche Gesinnung ... eine wehrlose Frau, eine Heroinsüchtiger, der sich erhängte ... Verlassenheit ... meinen Kopf einsperren ... ich erlaube mir selbst, mich entzweizuschneiden, ich war die falsche Hälfte ... Macht dringt in alles ein, was wir tun ... das Blickfeld des Bösen zu breit ... Reise ins Ich, um mich selbst zu erkennen und die Wahrheit des Lebens, das ich lebe.

Die Dichter überfielen uns mit Fragen, mit Verdammnis für unsere kollektive nationale Schuld und für unsere persönlichen Sünden. Fast alles in Amerika wurde beklagt. Es gab großes Wehklagen um unsere Einsamkeit und unser Verlassensein und unsere Heuchelei. Wir wurden durchsucht, seziert und zur Schau gestellt, abgekanzelt, angegriffen und verdammt, gebeten, Mitleid zu haben, zu sympathisieren, zu trauern, empfindsam zu sein, duldsam und fürsorgend. Aber es wurde uns nie gesagt, wie wir das tun sollen. Wir wurden aufgefordert, aber wozu? Es gab Schlagwörter, aber keinen Prüfstein. Ich suchte vergeblich irgendeinen Hinweis zu hören, daß es eine Antwort außerhalb von uns geben könnte. Die Voraussetzung für eine Änderung schien gemäß diesen (bedauerlich zu sagen) Frauen-Dichtern eine vage Reise ins Ich zu sein.

W. H. Auden sagte einmal, als man ihn fragte, ob er Dichtung schreibe, um sich selbst auszudrücken, nein, wenn er nichts Besseres hätte, als sich selbst auszudrücken, würde er nicht dichten.

Die meisten von uns in diesem Jahrhundert nehmen die Psychologie schrecklich ernst, besonders wenn wir von einer Sache nichts wissen.

Während wir uns nicht mehr vorstellen, daß wir in den Hades oder einen Ort der Drachen hinabsteigen müssen, um uns selbst kennenzulernen, haben wir statt dessen eine Reise in das Verlies unseres Herzens angetreten, wo »je tiefer die Lampe herabgelassen wird, umso abscheulichere Ungeheuer zum Vorschein kommen.«

Dieses Verlies ist nicht der Ort, wo man die Wahrheit findet! Diese Ungeheuer endlose Stunden auf der Couch eines Psychiaters erscheinen zu lassen oder in einer Therapiegruppe alle Gefühle »herauszuhängen«, ist nicht nur zwecklos, sondern führt zur Verzweiflung, wenn dem Patienten nicht ein Weg aus dem Verlies gezeigt wird.

Der Ausgang ist nicht tief in uns, sondern weit außerhalb von uns. Die Aufforderung, ganz Mann und ganz Frau zu sein, ist die Aufforderung, uns selbst zu verlassen und zu verlieren. Keine Worte könnten stärker sein als die, die Jesus gebrauchte: »Wenn jemand zu mir kommt und haßt nicht seinen Vater, Mutter, Frau, Kinder, Brüder, Schwestern und dazu sich selbst, der kann nicht mein Jünger sein.« (Lk 14,26).

Diese Forderungen wurden mir zum erstenmal lebendig durch die Schriften von Amy Carmichael von Indien. Sie war ein richtiger »Soldat«, der den Ruf zum Dienst mit einem wahren Feldzug für die Seelen der Kinder in Indien beantwortete. Die Lebensgeschichte dieser Frau zu lesen, bedeutet, zu vergessen, daß Weiblichkeit seit eh Zurückhaltung und Geziertheit gewesen ist. Jüngerschaft stellt an Mann und Frau genau dieselben Forderungen, wie Amy Carmichael in einem Gebet so klar zeigt:

Vom Gebet, das bittet, daß ich sei
Beschützt vor Stürmen, die mir droh'n,
Von Furcht, wo ich sollt' hoffen,
Vom Wanken, wenn ich höher klettern sollte,
vom seid'nen Ich, o Herr, befreie mich,
Der ich Dir folgen will.

Vom sanften Trieb, die Dinge zu beschönigen,
Von leichter Wahl, von Schwächen,
so werden Geister nicht gestählt,
Nicht diesen Weg ging der Gekreuzigte,
Von allem, das Dein Golgatha verhüllt,
O Lamm Gottes, mach mich frei.

Gib mir die Liebe, die vorwärts geht,
Den Glauben, der nicht weicht,
Die Hoffnung, die durch Enttäuschung nicht erlahmt,
Die Geduld, die wie ein Feuer brennt,
Laß mich nicht sinken wie ein Tor,
Mach mich zur Fackel, die zum Himmel lodert.*)

*) Amy Carmichael, aus: Toward Jerusalem, S. 94

Ausdauer

Während ich dies schreibe, bist Du, soweit ich weiß, noch immer ledig. Du bist auch ein Christ. Eine Studentengruppe in Boston bat mich, zu ihnen über »Sex und den ledigen Christen« zu sprechen.

Ich begann meinen Vortrag, indem ich sagte, wenn sie etwas über sexuelle Betätigung und den ledigen Christen hören wollten, es die kürzeste Rede sein würde, die ich je gehalten habe. Die Bibel ist ganz offen und rigoros und völlig klar darüber. Es gibt keine sexuelle Betätigung für Ledige. Wenn Du ledig bist, dann bist du zu sexueller Abstinenz verpflichtet, ohne Korrektur, Revision oder existentielle Ausnahmen (auch kein wenn und aber). Der Stahl des männlichen Charakters wird im Feuer der Selbstbeherrschung und des Verzichts geschmiedet.

»Man kann nicht sagen, daß unser Körper für sexuelle Freizügigkeit erschaffen wurde. Er wurde für Gott erschaffen, und Gott ist die Antwort auf unser tiefstes Verlangen.«

Wie Du weißt, Peter, bin ich zweimal verwitwet gewesen, und ich weiß, was sexueller Hunger ist, obwohl der einer Frau von dem eines Mannes verschieden ist, wie man sagt – aber wer in der Welt kann das wissen? Es ist meine Erfahrung, daß Gott das körperliche Verlangen nicht beseitigt. Es ist ein natürlicher Hunger, der noch verschlimmert wird, wenn er einmal erwacht ist und befriedigt wurde (und Lewis sagt, es habe keinen Zweck, an die Himmelstür zu klopfen um irdischer Belange). Aber es ist keineswegs das tiefste Verlangen eines Mannes oder einer Frau, unabhängig davon, wie sehr er oder sie darauf pocht, daß es so sei. Frage einen Ehemann oder eine Ehefrau, die ihren Partner lieben, ob Sex sie völlig befriedigt. Das tut Sex nicht. Das leidenschaftlichste Paar, das beharrlich die komplizierten Techniken aus dem Vollständigen christlichen Leitfaden für Wortverdreher bezüglich des Gechlechtsverkehrs (The Complete Christian Compendium for Coital Contortionists) – Du brauchst nicht auf die Suche nach diesem Buch zu gehen, es handelt sich nur um einen Titel, den mir ein bekannter Theologe vorgeschlagen hat!) – gemeistert hat, weiß, daß da immer noch diese »von Gott geschaffene Leere« ist. Wenn, wie die Bibel sagt, unser Körper ein Bestandteil des Christus selbst (s. 1. Kor 6,15) ist, dann gibt es eine Menge mehr, als die perfekteste und ekstatischste menschliche Beziehung befriedigen kann.

Glaub nur nicht, Peter, das es so leicht ist, sich sexuell in der Gewalt zu haben. Du hast sicher von den üblichen Vorschlägen wie kalte Dusche und Jogging gehört. Sie werden nicht alle Erwartungen erfüllen. Niemand wird Dir sagen, daß es einfach ist, die Stärke Deiner Männlichkeit zu fühlen und sie zu zähmen – als Lediger oder in Zeiten der Enthaltsamkeit, zum Beispiel, wenn Deine Frau krank ist oder in fortgeschrittener Schwangerschaft oder einfach gerade besonders müde ist, oder wenn Umstände Dich von notwendiger Befreiung abhalten. Es gibt keine einfache Antwort, aber es gibt ein Wort: Ausdauer. Männer, die bei dem Wort höhnisch lachen oder sagen: »Das ist Frauengeschwätz!«, verleugnen die Tatsache, daß Jesus selbst ausharrte, obwohl er in allem wie ein Mann versucht wurde, und daß Hunderttausende seiner Nachfolger um seinetwillen und zu seiner Ehre (ich wiederhole: um seinetwillen und zu seiner Ehre) ebenfalls ausgeharrt haben. Es ist feige, die Möglichkeit zu verleugnen. Natürlich ist es ungewöhnlich, Ausdauer zu haben. Es ist in unserer Zeit wahrscheinlich ganz außergewöhnlich. Man wird Dir sagen, daß Du ein komischer Kerl bist. Aber niemand soll Dir sagen, daß es unmöglich ist. Gehorsam gegen Gott ist immer möglich.

Die Hoffnung, die wir in Christus haben, bedeutet gemäß dem Brief des Paulus an die Thessalonicher »Ausharren in der Hoffnung«. (1. Thess 1,3) Wie soll ein Mann ausharren? Petrus antwortet: »Weil nun Christus im Fleisch gelitten hat, so wappnet euch auch mit demselben Sinn.« (1. Petr 4,1) Es muß im Inneren beginnen – mit einer völligen Auslieferung Deines Willens und Deiner Handlungen an die Autorität Gottes.

Ledigsein ist ein Geschenk, das nicht jedem das ganze Leben zuteil wird, das aber allen eine gewisse Zeit gegeben wird. Paulus bekräftigte, wie weise es ist, daß jeder Mann seine eigene Frau hat und jede Frau ihren eigenen Mann wegen der Versuchung zur Unmoral. Aber es gibt auch »Eunuchen«. Einige werden so geboren, andere werden von anderen dazu gemacht (die Kastration aus verschiedenen Gründen war zur Zeit Jesu nicht ungewöhnlich), und manche machen sich selbst zu Eunuchen um des Himmelreiches willen. »Wer es fassen kann«, sagt Jesus, »der fasse es!« (Mt 19,12) Ich vermute, daß Paulus in die letzte Kategorie der »Eunuchen« gehört. Nicht daß er sich buchstäblich entmannt hatte, sondern er hatte die Gabe des Alleinseins angenommen (vielleicht war er verwitwet), um desto besser das Werk zu tun, das Gott ihm aufgetragen hatte. »Den Ledigen und Witwen sage ich: Es ist gut für sie, wenn sie bleiben wie ich. Wenn sie sich aber nicht enthalten können, sollen sie heiraten; denn es ist besser zu heiraten, als sich in Begierde zu verzehren.« (1. Kor 7, 8.9)

Der große Schlüssel zu diesem verwirrenden siebenten Kapitel des ersten Korintherbriefes ist das Wort rufen oder gerufen, das achtmal in den Versen 17 bis 24 vorkommt. »Nur soll jeder so leben, wie der Herr es ihm zugemessen, wie Gott einen jeden berufen hat.« (1. Kor 7,17) Das Leben eines Verheirateten, eines Witwers oder eines Ledigen sind wertvolle Zustände, in denen ein Christ dem Herrn dienen kann. Es geht darum, Gottes Ruf zu erkennen. (Wenn Du mein Büchlein über Führung gelesen hast, Ein langsames, aber sicheres Licht (A Slow and Certain Light), dann hast Du darin ein paar Anhaltspunkte gefunden, wie ein Mann den Ruf Gottes vernehmen kann.)

Die Bereitschaft zu leiden und auszuharren scheint heute nicht mehr zu unseren Übungen zu gehören; sogar im Militär dient man freiwillig, und um Männer dorthin zu locken, hat man immer weniger Verantwortung. Ein guter Soldat ist dazu gerufen, Härte zu erdulden. Härte ist immer schwer zu tragen. Jedoch »hat euch nur menschliche Versuchung getroffen. Aber Gott ist treu, der euch nicht versuchen läßt über eure Kraft.« (1. Kor 10,13)

Helden

Von vielen jungen Menschen, die mir erzählen, wie sehr das Leben von Jim Elliot ihr eigenes Leben inspiriert hat, leiten viele überraschenderweise ihre Bemerkungen mit Dementis wie diesen ein: »Ich möchte nicht, daß Sie denken, ich wolle ihn auf ein Podest stellen«, oder »Ich meine nicht, daß er ein Held ist oder dergleichen.«

Gut, was ist ein Held denn überhaupt? »Jeder Mann, der wegen seines Mutes, seines Adels oder seiner Taten bewundert wird, die Hauptfigur bei jedem wichtigen Ereignis, geehrt für außergewöhnliche Eigenschaften« War Jim kein Held? Wir haben Helden so bitter nötig. Wie sonst sollen wir die Bedeutung von Mut oder Stärke oder Heiligkeit kapieren? Wir müssen solche Wahrheit sehen, die im Leben von Menschen sichtbar wird, und bei Jim war das der Fall, meine ich.

Tad W. Guze, ein Jesuit, sagt in seinem Buch Jesus und die Eucharistie (Jesus and the Eucharist): »Wir müssen durch einen Prozeß der Identifikation mit Helden gehen und über Ideale nachsinnen, ehe wir Ideale würdigen und sie uns zu eigen machen können. Dies ... ist eine grundlegende menschliche Wahrheit. Es gibt keine Möglichkeit,unsere inneren Stärken und Quellen durch das Feuer der Erfahrung prüfen zu lassen, wenn wir nicht zuerst durch Idealisierung erkannt haben, welche Stärken und Quellen den Kampf wertvoll machen.« Ich war erstaunt, daß die New EnglishBible das Wort Helden in 2. Samuel 23 gebraucht: »Dies sind die Namen der Helden Davids.« Es waren Joscheb-Baschebet, Eleasar und Schamma, die »heldenhaften Drei«, die sich durch ihren Mut in der Schlacht auszeichneten. Dann waren da die »heldenhaften Dreißig«, Männer, die auf die eine oder andere

Weise Mut bewiesen hatten, wie Benaja, der an einem verschneiten Wintertag in eine Grube hinabstieg, um einen Löwen zu töten.

Vielleicht wagen wir nicht, solche Unterscheidungen zu treffen. Ich vermute, daß diese Furcht nicht immer aus einer gesunden Erkenntnis der Fehlbarkeit und Sündhaftigkeit aller Menschen entspringt, sondern eher ganz einfach aus Stolz. Aus einem Mann einen Helden zu machen, heißt, unser eigenes Versagen zuzugeben. Dieser Mann hat getan, was wir nie getan haben, und auch nie tun werden. Ihn aufs Podest zu erheben, bedeutet, seine Überlegenheit anzuerkennen. Und heute ist das – im Bereich des moralischen Mutes oder der Reinheit ebenso wie in fast allen anderen Bereichen außer Sport – eine Kardinalsünde.

Eric Heiden hat gerade fünf Goldmedaillen bei den Olympischen Spielen gewonnen. Wir haben nichts dagegen, solch einen Helden zu besitzen. Wir bewundern ihn für das, was wahrscheinlich niemand von uns sonst hätte tun können. Aber moralische Courage zu zeigen oder mit einem Löwen in eine Grube zu steigen – dazu braucht man kein spezielles Training oder angeborene physische Gaben oder langsam erworbene Fähigkeiten. In der Tat (wir müssen es zu unserer Schande gestehen) hätte ich es tun sollen. So nehmen wir unsere Saure-Trauben-Haltung an. Wir sagen, daß wir es hätten tun können, es aber nicht wollten. Wir sind stolz auf uns, daß wir keine getünchten Heiligen oder brave Gauner sind. Es bereitet uns sogar Vergnügen, »sündiger als Du« zu sein.

Ein wahrer Mann sieht schnell, was wirklich bewundernswert am anderen ist. Er identifiziert sich mit ihm, denkt darüber nach, was ihn zu einem solchen machte, und versucht, sich die Methode dieses Mannes anzueignen, um seine eigenen Ziele zu erreichen.

Helden sind Musterbeispiele. Sie zeigen, wie Stärke oder Mut oder Reinheit wirklich aussehen.

Jesus war in diesem Sinne ein Held. Er zeigte uns in normalen alltäglichen Dingen, wie Mut aussieht. Betrachten wir einen Augenblick seine letzte Nacht vor der Kreuzigung. Nachdem er das großartige Gebet aus Johannes 17 gebetet hatte – ein Gebet für uns alle –, war er mit seinen Jüngern zu dem gewohnten Ort, einem ruhig gelegenen Garten gegangen, den auch Judas kannte. Judas erschien mit der Wache und Soldaten, die von Jesu Erzfeinden, den Oberpriestern und Pharisäern, bestellt waren. Sie kamen mit Laternen und Fackeln und Waffen. Der natürliche Instinkt eines Mannes hätte befohlen, zu fliehen oder sich zu verstecken.

»Da nun Jesus alles wußte, was ihm begegnen sollte, ging er hinaus und sprach zu Ihnen: Wen sucht ihr?« (Joh 18,4) Es war eine Demonstration des stillen Mutes, geboren aus dem Wissen, daß er durch den souveränen Willen seines Vaters gehalten wurde. Es war ein ganz und gar männlicher Akt.

Jesus war viel mehr als ein Held. Er war selbst der Weg, die Wahrheit und das Leben. »Denn Christus ist mein Leben«, sagte Paulus (Phil 1,21). Diese Wahrheit ist radikal und verändert.

In seinem Nachruf auf Mr. Pierson Curtis, den ehemaligen Prediger, an der Stony Brook Schule, schrieb David Hicks, einer seiner früheren Schüler:

> »Für viele von uns wurde – PC ... die uneingeschränkte Autorität in unserem Leben, die nicht Furcht, nicht Ehrfurcht, nicht Rebellion ausstrahlte – sondern Herzlichkeit. Der wohlwollende Despot, den jeder Junge in seinem Vater wünscht. Es war die Distanz zwischen PC und uns Jungen, weil es die richtige Distanz war, die gerechte Distanz, die uns nahe brachte.
> Er fühlte sich selten gezwungen, uns Jungen seinen Code zu erklären oder zu rechtfertigen. Es war für ihn so klar, so selbstverständlich, daß er es eben mit viel Kommentar auslebte ... Es gab für ihn einen richtigen und einen falschen Weg, alles zu tun: einen Satz zu formulieren, ein Mahl zu bereiten, einen Prediger anzureden, ein Gedicht vorzutragen, ein Segel zu hissen oder ein Feuer zu machen. PC hielt sich an bestimmte bewiesene, unveränderliche Absoluta des sensiblen Denkens und des gesitteten Handelns, die im modernen Schwall des militanten und ruhelosen Wechsels für ein gefährliches, leidenschaftliches Leben gut sind ... Wir liebten ihn ..., weil er grundsätzlich das akzeptierte, von dem wir alle wußten, daß es rich-

tig war, trotz unserer verfluchten Selbstbespiegelung und unserem faulen philosophischen Relativismus: daß es im Leben einen richtigen und einen falschen Weg gibt, und daß wir unerbittlich den richtigen wählen müssen.«

Ich saß hier heute nachmittag und dachte über den ständigen Widerstand gegen die Vorstellung des Heldentums nach, als das Telefon klingelte. Ein befreundeter Verleger wollte wissen, was ich über ein bestimmtes Manuskript dachte, das er mir zur Einsichtnahme geschickt hatte. Es sei kein gutes Buch, sagte ich, insofern es nicht präzise war und kritisch, und ihm fehle, was ich für die Hauptbedeutung des Ereignisses hielt, das es beschrieb. Aber es war gut geschrieben und gut illustriert. Es war interessant. Es wird sich wahrscheinlich gut verkaufen, wirklich.

»Ja, das habe ich auch gedacht«, sagte der Mann. »Wir können viel Geld damit machen. Aber wir sind natürlich nicht auf das Geld aus.«

»Wenn Sie es nicht veröffentlichen, wird es sicher ein anderer tun.«

»Genau das fürchte ich.«

»Da können Sie ganz sicher sein.«

»Diese Aufgabe, ein Christ zu sein und zu versuchen, ein Gleichgewicht zwischen dem Dienst für den Herrn und Gelderwerb zu erreichen, ich meine, man muß Geld verdienen, um diese Aufgabe ausführen zu können, und ... Das macht mich verrückt!«

»Es könnte bedeuten, daß man wählen muß, nicht wahr? Nicht ein Gleichgewicht zu erreichen, sondern einfach zu verlieren. In diesem Falle Geld zu verlieren, wenn Sie sich entscheiden, daß es ein Buch ist, mit dem Sie nichts unternehmen sollten.«

»Ja, ja, das könnte es bedeuten.«

»Aber ist es nicht das, was Christsein überhaupt ausmacht? ›Wer sein Leben um meinetwillen verliert, der wird es finden‹?«

»Ja, das ist es. Genau richtig!«

Dachte er: Da ist sie mit ihren vereinfachenden Antworten?

Er wird es nicht schaffen, mit einer Entscheidung wie dieser in eine Ruhmeshalle zu gelangen. Er könnte sehr wohl seine Arbeit verlieren. Wochen später rief er an, um mir zu sagen, daß er sich entschlossen hatte, das Buch nicht zu veröffentlichen.

Wir alle müssen uns täglich moralisch entscheiden. Wie wir uns entscheiden, enthüllt, aus welchem Stoff wir sind. Es ist letztlich die Bereitschaft, die Konsequenzen aus unseren Entscheidungen zu ziehen, die uns zu Helden macht: wie Luther zu sagen: »Hier stehe ich, ich kann nicht anders. Gott helfe mir.«

Männlichkeit heißt Gehorsam

Als König David im Sterben lag, sagte er zu seinem Sohn Salomo: »... So sei getrost und sei ein Mann und diene dem Herrn, deinem Gott, daß du wandelst auf seinen Wegen und hältst seine Satzungen, Gebote, Rechte und Ordnungen ...« (1. Kön 2,2.3)

Sich als Mann zu erweisen, bedeutete für Salomo, zu tun, was Gott sagte. Das bedeutet es auch heute noch. Natürlich wird man heftig dagegen protestieren. Gerechtigkeit war noch nie populär. Du mußt bereit sein, manchmal wie ein Querkopf zu scheinen, weil Du nicht tust, was jeder andere tut.

Heutzutage ist eine bestimmte Vorstellung von Männlichkeit verbreitet, die durch das Wort macho gekennzeichnet wird. Es beinhaltet Aggression, Unbarmherzigkeit, Angeben, ja sogar Grausamkeit.

Eine Frau, die sich gerade von ihrem Ehemann scheiden lassen will, beschrieb ihn als »macho«. Er ist an die vierzig Jahre alt und hat plötzlich ein neues »Image« angenommen – Vollbart, eine seetangartige Dauerwelle, modische Jeans, eine Kette um den Hals. Er hat sich einen leichtfedernden Landrover mit dicken Reifen und roten, weißen und blauen Streifen gekauft. Er verbringt viel Zeit in heruntergekommenen Bars, und seine Frau glaubt, er habe sich eine Geliebte zugelegt. Man kann nicht umhin, die Schlußfolgerung zu ziehen, daß er nicht mehr auf dem Boden der Realität ist. Es sieht so aus, als ob er sein Alter nicht akzeptiere, seinen ehelichen Stand, sein Image als ein geachteter Mittelklasse-Geschäftsmann, oder seine Verpflichtungen. Er möchte »Freiheit« und »Stärke«.

Paulus ermahnt die Epheser, »als Weise« zu wandeln, »nicht als Unweise ... Darum werdet nicht unverständig, sondern versteht, was der Wille des Herrn ist. Und sauft euch nicht voll Wein, woraus ein unordentliches Wesen folgt, sondern laßt euch vom Geist erfüllen.« (Eph 5,15.17.18)

Ein Mann Gottes ergreift die Initiative, wie es für ihn bestimmt ist, aber er ist nicht aggressiv. Er ist stark, aber nicht unbarmherzig, selbstsicher, aber nicht angeberisch, hart, wenn es sein muß, aber nicht grausam.

P. T. Forsyth sagt, daß Hierarchie – die Überordnung über andere – nicht dem Vorrecht dient oder besonderer Gunst oder Herrschaft, sondern der Führerschaft. Und Führerschaft bedeutet Dienst, Opfer, Hilfe, Aufrichten, Befreiung und Kreuz. Führerschaft ist nicht zum Ausbeuten gedacht, sondern um zu erheben; nicht um auszulöschen, sondern zu retten, nicht zu zerreißen, sondern zu versöhnen; nicht zu verschlingen, sondern zu tragen; nicht zur Vorherrschaft, sondern zur Priorität. Sie bedeutet letztlich Gehorsam, Dienst, sogar Tod um anderer willen.

Die Gier nach Macht ist so weit von der Demut des wahren Führers unter der Herrschaft Gottes entfernt wie es die Lust auf Sex von der wahren Liebe ist. Die Macht- und Sexgier kennzeichnen einen Menschen, der für sich selbst lebt.

Mach keinen Fehler! Wenn Gehorsam einen Mann auszeichnet, kann es nichts weniger als Gehorsam sein, was eine richtige Frau kennzeichnet. Das Problem bei uns allen ist, daß wir ungehorsam sind. Wir sind ein Strauß von »miserablen Übertretern«, wie es im Gebetbuch heißt, »da ist nichts Gutes an uns.« Frauen fragen mich oft, was sie tun können, damit ihre Männer ihre Verantwortung in Gemeinde und Familie erkennen. Die erste Antwort, die ich ihnen gebe, ist: Seid Frauen! Wenn ihr versucht, die Verantwortung zu übernehmen, die die Männer von sich gewiesen haben, seid ihr nicht mehr weiblich, und euer Ungehorsam hilft auch ihrem Ungehorsam in keiner Weise. Er trägt nur noch mehr zur Entmenschlichung eines jeden bei.

Manchmal sieht es so aus, als ob eine besondere Ermahnung oder Handlung richtig, aber nutzlos wäre. Wir überlegen hin und her, ob wir voranschreiten und es versuchen sollten, doch wir sind selbst davon überzeugt, daß es nichts bringt: »Es ist zu nichts nützlich.« Das ist nicht immer ein gutes Kriterium. Manchmal bedeutet Gehorsam Bereitschaft, das offensichtlich Nutzlose zu tun, damit Gott das Große tun kann. Weiß Du noch, wie Gott Mose rief? Nachdem er ihm in einem Dornbusch erschienen war, sagte er ihm, er solle zum Pharao gehen und ihm befehlen, sein Volk ziehen zu lassen, aber er fügte hinzu, der König von Ägypten werde sie erst dann ziehen lassen, »wenn er durch eine starke Hand dazu gezwungen werde.« (2. Mose 3,19) Es mag Mose absurd erschienen sein, eine Botschaft zu übermitteln, die sowieso nicht beachtet würde. Wenn Gott den König zwingen wollte, wieso brauchte er dann noch Mose?

Später, als das Volk Israel in einer ausweglosen Situation war, vor sich das Meer und hinter sich die Ägypter, die sie verfolgten, vermochte Mose im Glauben zu verkündigen: »Der Herr wird für euch streiten, und ihr werdet stille sein.« (2. Mose 14,14) Dann befahl ihm Gott, seinen Stab zu erheben und seine Hand über das Meer auszustrecken, um es zu teilen, so daß das Volk trockenen Fußes hindurchgehen konnte. Wenn nun etwas nutzlos erschienen wäre, dann doch diese Geste – über das Meer! Doch als Mose seine Hand ausstreckte, trieb der Herr das Meer zurück »durch einen starken Ostwind die ganze Nacht«. (2. Mose 14,21)

Im ersten Falle hätte Gott gewiß den König von Ägypten zwingen können, ohne daß Mose zu ihm hinabgegangen wäre und mit ihm gesprochen hätte. Im zweiten Fall hätte Gott das Meer durch ein einfaches Befehlswort austrocknen können. Warum brauchte er Mose und dessen Stab und Hand? Die Antwort auf diese Frage liegt in dem Geheimnis des menschlichen Willens, der frei ist, und des Willens Gottes, der souverän ist. Gott »brauchte« auch den Ostwind, und der Ostwind gehorchte ihm.

Ich kann mir gut vorstellen, daß manchmal die Bestimmung der Frau einem Mann so schrecklich erscheint wie Pharaos Eigensinn und die ägyptische Armee dem Mose. Seine eigenen Worte, sein Stab, die Geste des Handerhebens über das Meer – wie schwach müssen sie ihm vorgekommen sein! Doch die Macht Gottes war es, mit der er rechnete. Sein Gehorsam war ein Zeichen seines Vertrauens auf diese unbegrenzte Macht.

Was, wenn ein Mann im Vertrauen auf Gott und aus Liebe zu seiner Frau sie rügen muß oder mit ihr sprechen muß, weil sie etwas vernachlässigt hat, an dem sie gemäß ihrer Bestimmung festhalten soll? »Was soll das? Sie wird nur verletzt sein«, sagst Du, oder »Sie würde nicht auf mich hören, oder sie würde sich ärgern. Es hätte gar keinen Sinn.« Und Du hast Deine Ruhe.

Warte einen Augenblick! Eine Frau wünscht sich einen Mann, der fähig ist, ihr die Stirn zu bieten. Sie möchte, daß er gottergeben ist – ich habe nicht gesagt, fromm. Das heißt, sie möchte, daß er wie Daniel »geöffnete Fenster« hat und wie Jesus sein »Gesicht« nach Jerusalem »gewandt«. Wenn dies die Richtung ist, auf die er zustrebt, dann wird sein Gehorsam ihre Befreiung sein.

Vergebung

Neulich hörte ich eine lange, traurige Geschichte über das Unrecht, das eine Frau von ihrem Mann erduldet hatte. Da ich beide nicht sehr gut kannte, hatte ich zur Beurteilung keine andere Grundlage als ihre Geschichte, die natürlich ihren Mann als brutal und rüpelhaft darstellte.

»Aber sie müssen ihm natürlich vergeben«, sagte ich.

»Ihm vergeben? Niemals!«

»Wie soll Ihnen dann vergeben werden?«

»Wie mir vergeben werden soll? Wofür?«

»Für Ihre Sünden.«

»Welche Sünden?«

»Alle Ihre Sünden.«

»Aber ich habe nichts getan.«

»O! Sie haben nicht gesündigt?«

»Ich habe ihm nichts getan. Ich habe mein Bestes versucht, mit ihm auszukommen. Ich bin nicht schuldig!«

Ich versuchte ihr zu helfen, damit sie sah, daß sie unmöglich ohne Schuld in Beziehung zu ihrem Mann sein konnte, und wenn sie mich nicht verstehen wollte, versuchte ich ihr zu zeigen, daß ihr überhaupt keine Sünde vergeben werden könnte, wenn sie sich weigerte, ihrem Mann zu vergeben. Wenn sie nicht erkannte, daß sie selbst Gnade nötig hatte, konnte sie unmöglich ihrem Mann in Gnade begegnen.

Eine andere Frau, mit der ich sprach, nahm die entgegengesetzte Position ein. Sie leugnete nicht, daß sie selbst Vergebung nötig hatte. Sie bekannte sich schuldig – hoffnungslos schuldig, wirklich. Ihre Ehe war kaputt. Aber sie erwartete keine Heilung mehr. Sie konnte in perfekter rechtgläubiger Weise theoretisch über die Erlösung durch Gnade reden, aber wenn wir auf ihre eigenen Fehler und Sünden zu sprechen kamen, konnte oder wollte sie die Gnade nicht annehmen, die da war, um sie zu tilgen. Wo die erste Frau nichts annahm, weil sie meinte, sie brauche es nicht, nahm diese Frau es nicht an, weil sie mehr brauchte, als sie für erhältlich hielt. In beiden Fällen weigerten sie sich, ihren Männern zu vergeben, weil sie selbst keine Vergebung angenommen hatten.

»Vergib uns unsere Schuld, wie wir vergeben denen, die sich entschuldigen«: So scheinen viele von uns das Gebet zu beten, das der Herr seine Jünger lehrte. Jesus sagte uns, wir sollen denen vergeben, die uns etwas schuldig sind.

Keine Ehe kann ohne Vergebung überleben. Ehe ist eine langzeitige intime, allumfassende, völlig ungewisse täglich und Jahr über Jahr erfolgende Verbindung zwischen zwei Sündern. Wie wollen sie ohne Vergebung auskommen?

Eine Freundin von mir, die viele Stunden in der Woche darauf verwendet, Frauen, die Probleme in der Ehe haben, zu helfen, erzählte mir, das erste, was sie tue, sei, ihnen zu helfen, daß sie ihre eigenen Übertretungen gegenüber ihren Ehemännern erkennen. Das ist nicht einfach; denn sie sind davon überzeugt, daß alles seine Schuld sei. Eine Geschichte, die ihnen oftmals hilft, das ganze anders zu sehen, ist die, welche Jesus dem Petrus erzählte, als er fragte, wie oft ein Mensch seinem Bruder vergeben sollte. Sind siebenmal nicht genug?

Nein, sagte Jesus, das reicht nicht. Siebzigmal sieben kommt dem schon näher. Dann erzählte er ihm die Geschichte von dem König, dem ein Mann Millionen Taler schuldete. Der König befahl, man solle ihn als Sklaven verkaufen und seine Frau und seine Kinder und alles, was er besaß, und den Erlös dem König geben. Auf die Bitte des Mannes erließ der König ihm alle Schulden, woraufhin der Schuldner geradewegs zu einem Manne ging, der ihm wenige Groschen schuldete, ihn an der Gurgel packte und sprach: »Zahl mir!« Als der Mann um Barmherzigkeit bat, ließ er ihn ins Gefängnis werfen.

Da rief ihn der König zu sich.

»Du böser Knecht!« sage er. »Habe ich dir nicht alle deine

Schuld erlassen, als du mich darum batest? Hättest du nicht auch Barmherzigkeit mit deinem Mitknecht üben können wie ich, dein Herr, Mitleid mit dir hatte?« Und sein Herr übergab ihn dem Gefängniswärter, bis er die ganze Schuld bezahlt haben würde.

Die Wahrheit der Geschichte leuchtet ein, nicht wahr? Wieviel bereitwilliger nimmt unsere Vorstellung die Wirklichkeit an als unser Intellekt! Wir sind beeindruckt von der Gemeinheit des Schuldners, dem alles vergeben wurde. Wer würde sich so benehmen?

Ach! Kein anderer als wir. Wir sind diejenigen, die »eine Million Taler« schuldig sind.

»So wird mein himmlischer Vater euch behandeln«, sagt Jesus dem Petrus, »wenn ihr nicht jeder seinem Bruder von Herzen vergebt.« Die Sünde, über die wir so erzürnt sind, ist nur »ein paar Groschen« wert.

Es kann keine Vergebung geben, wenn wir nicht anerkennen, daß wir gesündigt haben. Vergebung ist keine Entschuldigung. Etwas zu entschuldigen, bedeutet, die Sünde zu nichts zu machen – zum Beispiel, wenn man sagt, er wollte das nicht, oder er konnte nicht dafür, oder er meinte das nicht so. Oft besagt das nichts anderes, als daß er unverantwortlich oder unreif ist. Zu vergeben bedeutet zunächst einmal, der Wahrheit ins Angesicht zu schauen: es war falsch. Dann heißt es, die Person so zu behandeln, als ob die Sache nie geschehen wäre, und bereit zu sein, sich zu versöhnen.

Vergebung umfaßt Leiden. Franz von Assisi soll gebetet haben: »Herr, mach mich zu einem Werkzeug deines Friedens. Wo man verletzt, da laß mich Vergebung säen.«

Manchmal kann man gegen uns sündigen, ohne daß wir es merken oder fast nicht bemerken. Aber es gibt Augenblicke, wo es sehr weh tut. Das ist oft richtig verletzend. Es gehört zur menschlichen Natur, sich irgendwie zu rächen, auch wenn es nur darum geht, den anderen merken zu lassen, daß er uns verletzt hat – und das ist manchmal, davon bin ich überzeugt, eine Form der Rache. Es liegt nicht in der menschlichen Natur zu vergeben. Ich habe zeitweilig in meinem eigenen Herzen die sündige Lust verspürt zu sehen, wie der andere »angekrochen kommt«.

Wer wirklich ein Werkzeug des Friedens Gottes ist, bietet als Erwiderung auf Verletzung nur eins an: Vergebung und erinnert sich an die Millionen Taler, die er selbst dem König schuldete, und wie völlig ihm vergeben wurde.

Gibt es überhaupt einen Zeitpunkt, zu dem man über die Fehler redet? Ja! Jesus sagte, wenn dein Bruder gegen dich sündigt, geh hin und regle es sofort zwischen dir und ihm. (Mt 18,15) Ich glaube, das bezieht sich auch auf eine Frau – manchmal. Sicherlich sollen wir nicht immer zu Leuten gehen, die sich gegen uns vergangen haben, besonders wenn sie sich nicht bewußt sind, daß sie uns wehgetan haben. Oft ist es besser, einfach vor Gott im Herzen zu vergeben; und vielleicht hat die Person dadurch Gelegenheit, ihr Vergehen ohne Deinen Anstoß zu erkennen, und wird zu Dir kommen.

»Alle Bitterkeit und Grimm und Zorn und Geschrei und Lästerung seien fern von euch samt aller Bosheit. Seid aber untereinander freundlich und herzlich und vergebt einer dem andern, wie auch Gott euch vergeben hat in Christus.« (Eph 4,31.32)

Zärtlichkeit

Es gibt auf der ganzen Welt nicht einen Mann oder eine Frau, die sich nicht nach Zärtlichkeit sehnen. Als ich auf dem College war, wurde ein Mädchen, das auf meinem Gang im Studentenwohnheim wohnte, von einer Anzahl brennender junger Männer auf dem Universitätsgelände verfolgt. Wenn das Telefon im Gang läutete, nahmen wir an, daß es für sie war. Sie war ein Typ, der »jeden haben konnte«, so schien es, und sie behandelte die meisten von ihnen mit beiläufiger Vernachlässigung.

Aber besonders ein junger Mann ließ sich in seinem Bestreben, sie zu gewinnen, nicht entmutigen, obwohl sie ihn nicht an sich herankommen ließ und einige seiner Einladungen abschlug. Sie nahm seine Aufmerksamkeit leicht, wie sie es bei vielen anderen machte, aber eines Tages erhielt sie einen Strauß von ihm. Wie jede Frau, zog sie hastig die Karte aus dem kleinen Umschlag. Obwohl man es auch mit »Blumen« sagen soll, sind wir alle reines Deutsch gewohnt. Auf der Karte standen zwei Wörter: Zärtlich, Richard. Ich glaube, das warf sie um. Sie war ein sympathisches Mädchen, ging gern aus, sah gut aus, war manchmal etwas leichtfertig, aber das Wort drang bis in ihr Herz. Als sie mir die Karte zeigte, hatte ich – durch ein einziges mächtiges – eine ganz neue Vorstellung von dem Mann. Er war überhaupt nicht hübsch. Er war ziemlich einfach. Aber plötzlich sah ich ihn als stark und ungewöhnlich begehrenswert an. Ich hatte nicht gewußt, daß Zärtlichkeit ein absolut notwendiger Bestandteil eines Mannes war, aber ich wußte es sofort, als ich die Karte sah, und ich fügte ihn im Geiste zu der Liste der Eigenschaften hinzu, die ich wünschte, wenn ich je einen Mann finden sollte.

Gestern erzählte mir eine Frau, sie habe mich immer als jemanden angesehen, der auf der Basis des Verstandes operiert, und nicht mit dem Gefühl. Zuerst klang es wie ein schlechter Witz. Ich bin nicht sicher, ob sie es als Tadel meinte oder als Kompliment, aber jedenfalls ist es nicht wahr.

Wenn sie sündige Gefühle im Sinn hatte, dann war es ein Kompliment, wenn sie dachte, ich würde nie zulassen, daß diese Gefühle mein Verhalten beeinflußten. Die Bibel sagt, wir sollen nicht handeln aufgrund von beispielsweise Motiven der Rivalität oder des Neides. Gefühle sind zweifellos kein sehr verläßlicher Führer für das Verhalten. Aber wenn sie mich als eine Frau ansah, die nie von Mitleid oder Zärtlichkeit bewegt wird, die nie durch das, was andere mir antun oder sagen, berührt wird, dann war es kein Kompliment.

»Christentum ist hart wie Nägel«, schrieb C. S. Lewis. »Hart und zart zugleich. Es ist die Mischung, auf die es ankommt; keine von beiden Eigenschaften wäre gut ohne die andere.«

Manchmal muß ein Mann hart wie Nägel sein; bereit, der Wahrheit über sich selbst und die Frau, die er liebt, ins Angesicht zu schauen, und Kompromisse abzulehnen, wenn sie falsch sind. Aber er muß auch zärtlich sein. Keine Waffe vermag den Panzer des weiblichen Grolls so zu durchdringen wie Zärtlichkeit.

Vielleicht wirst Du sie nicht verstehen. Du magst sie in jeder Hinsicht unvernünftig und unlogisch und unnahbar finden, aber nicht bei ehrlicher Zärtlichkeit. Wenn sie glauben kann, wenn auch nur für einen Augenblick, daß Du sie wirklich verstehen willst, daß Du ernsthaft versuchst, Dich in ihre Lage zu versetzen, wird sie sich ändern. Ich weiß es. Ich bin eine Frau, und ich scheine manchmal unbeweglich zu sein, aber ich weiß auch, wie die Umarmung eines Mannes meine Bastionen niederreißt.

Liebe ist läuterndes Feuer

Ein altes Evangeliumslied beschreibt, wie wir zu Christus kommen:

> So wie ich bin, so muß es sein,
> nicht meine Kraft, nur du allein,
> dein Blut wäscht mich von Flecken rein ...*)

Gottes Einladung ist ohne Bedingung. Wir brauchen, wir können nicht irgendwelche Voraussetzungen erfüllen. Wir kommen, wie wir sind.

In einem modernen Lied heißt es, daß Gott mich liebt, »einfach, wer ich bin.« Der Text des Liedes schließt in die Liebe Gottes alles ein, was um uns herum ist. Das vergossene Blut wird jedoch nicht erwähnt.

Natürlich liebt uns Gott. Er ist Liebe. Aber seine Liebe endet nicht bei dem, was wir sind oder wer wir sind, wenn wir zu ihm kommen. Er will uns unerbittlich lieben und uns in sein eigenes Bild verwandeln, von einer Herrlichkeit zur anderen. Wie kann Liebe überhaupt erfüllt werden, solange der Geliebte noch irgendwie unvollkommen ist?

Wenn ein Mann eine Frau liebt, wie Christus die Gemeinde geliebt hat, dann wird er alles in seiner Macht Stehende tun – er wird sogar sein Leben hingeben –, damit sie geheiligt wird. Er wird zärtlich sein, aber auch wahrhaftig.

Liebe ist nicht bloß ein leichter Schlag auf den Kopf. Sie ist ein reinigendes Feuer. Es brennt, um zu reinigen.

»Was soll ich tun: Feuer an sie legen?« fragte ein Mann. »Bei je-

*) »So wie ich bin«, von Charlotte Elliott

dem kleinen Fehler oder jeder Sitte, die ich nicht mag, beginnen und wieder und wieder darauf eingehen?«

Nein! Du sollst genau das tun, was Christus tat. Du mußt Dich selbst hingeben. Christus kam nicht, um zu verdammen, sondern sein Leben dahinzugeben. Das Kreuz verändert! Jesus gab sich selbst am Kreuz, und es gibt keine Macht auf Erden, die mit der Kraft der Selbsthingabe vergleichbar wäre. Es ist eine starke Waffe, gegen die nur Stolz ein Schild ist. »... die keinen Flekken oder Runzel oder etwas dergleichen habe, sondern die heilig und untadelig sei.« (Eph 5,27) Das schreibt Paulus über die Braut Christi den Ephesern. Das möchte Christus. Das möchte jeder Mann. Aber wie um alles in der Welt ...?

Wenn ein Mann einen Fehler an seiner Frau entdeckt, ist es natürlich, daß er ihn kritisiert. Wenn er Untreue entdeckt, ist es natürlich, daß er außer sich gerät, verärgert ist, sich erniedrigt fühlt und beginnt sofort zu denken, wie er von ihr loskommt. Wenn er diesen »natürlichen« Weg einschlägt, wird es ihm gelingen, sie zu verärgern und einen breiten Graben zwischen ihnen zu schaufeln und die Basis der Kommunikation zu zerstören und sich selbst unglücklich zu machen. Sie wird durch diese Methode nicht gereinigt werden. Der »übernatürliche« Weg ist: – Ihr Männer, liebt eure Frauen, wie auch Christus die Gemeinde geliebt hat und hat sich selbst für sie dahingegeben, um sie zu heiligen.« (Eph 5,25.26) Es war nie Jesu Absicht, es jemandem »heimzuzahlen«.

Ich meine, das erste, was ein Mann tun muß, wenn er seine Frau reinigen will, ist, sich selbst zu reinigen, wie »Jesus sich für uns heiligte«. (s. Eph 5,26)

»Das ist eine Aufgabe für das ganze Leben«, wirst Du sagen. »Da kann der Mann ja vergessen, noch an andere Arbeit zu denken.«

Es ist eine lebenslängliche Arbeit, und er muß daran arbeiten (»wirket eure Erlösung mit Furcht und Zittern«). Aber wenn er sich darum bemüht, immer eingedenk, daß er selbst der Gnade und Vergebung bedarf und der Beschränktheit seines eigenen Urteilsvermögens bewußt, dann wird er sie reinigen, oftmals auf eine Art, die er nicht sieht.

»Das Beste, was Eltern tun können, damit ihre Kinder gut werden, ist: selbst gut zu sein«, hat jemand gesagt. Das gilt genauso für Ehemänner, die möchten, daß ihre Frauen gut und heilig werden.

Du weißt, daß ich es mag, wenn Dinge ordentlich ausgeführt werden. Ich bin eigenartig in vielen Dingen. Ich hänge Hemden draußen auf die Wäscheleine mit dem Saum nach oben. Ich halte die Arbeitsflächen in der Küche fast ganz frei. Ich mag keine Nippessachen. Das ist alles mein Ressort und stört Lars überhaupt nicht. Aber wenn ich versuche, seinen Schreibtisch aufzuräumen und seine Bücherregale ordne, dann ist das eine andere Sache. Er meint manchmal, es wäre eine gute Idee, aber nicht in dieser Woche, und nicht wie ich es will.

Er möchte, daß ich meine Haltung verbessere. Ich habe daran mein ganzes Leben gearbeitet mit Hilfe vieler Menschen, ehe ich Lars kennenlernte, und ich weiß, sie hatten recht, und er hat recht. Sie ist immer noch nicht gut genug. Wenn er jedoch sieht, wie ich mich bemühe, dann lobt er mich. Das ermutigt mich, es noch mehr zu versuchen, wie es keine Kritik bewirken könnte. Ich glaube, das nennt man positive Rückkopplung.

Dich selbst zu opfern, bedeutet, zu einem bereit zu sein: durch dasselbe reinigende Feuer zu gehen, das Du auch für Deine Frau nötig erachtest. Dazu brauchst Du viel Gebet.

»Erforsche mich, Gott, und erkenne mein Herz!« betete der Psalmist. »Prüfe mich und erkenne, wie ich's meine.« (Ps 139,23) Gott wird das Gebet beantworten, wenn es ehrlich ist, und sein Erforschen kann schmerzlich und überraschend sein. Der Fehler, den Du in Deiner Frau sahst, wird sich wahrscheinlich auch in Dir deutlich zeigen. Dein Ich wird anfangen zu leiden. »Prüfe mich!« bittest Du Gott, und wenn er antwortet, kneifst Du.

»Und sieh, ob ich auf bösem Wege bin, und leite mich auf ewigem Wege.« (Ps 139, 24) Die Bereitschaft, die »bösen Wege« anzuerkennen, die sichtbar werden, und eine ernste Bitte um Führung sind das, was Gott von uns allen möchte. Das macht uns nicht sogleich vollkommen. Es verschont uns nicht vor zukünftiger Schande. Aber der Mann, der täglich in dieser Haltung zu

Gott kommt, ist in einer Stellung, in der er »sie heilig machen kann«, wie es ihm zu tun befohlen ist.

Klingt das voreingenommen? Die Forderungen Christi klingen uns Sündern oft voreingenommen. Er verlangt das Unmögliche, wie er es von dem Mann mit der verdorrten Hand verlangte. Er forderte ihn zu dem auf, was der Mann unmöglich tun konnte: »Strecke deine Hand aus!«

Je mehr ein Mann Christus ähnlich ist, desto mehr wird es ihn kosten, seine Frau zu der Frau zu machen, die sie sein sollte. Er weiß, daß er weit davon entfernt ist, vollkommen zu sein, und wenn er je versucht, sie zurückzuweisen oder zu ermahnen, wird sie ihn sicher gezielt daran erinnern. Die kürzlich begangenen Sünden werden ihr Stoff für lebhafte Illustrationen liefern. Es ist nur menschlich, von solchen »Erinnerern« eingeschüchtert zu werden. Die Schrift lehrt uns, daß wir erst uns selbst ansehen sollen, ehe wir andere verurteilen. Denn auch wir können versucht werden, die gleiche Sünde zu begehen. Aber das entbindet uns nicht davon zurechtzuweisen.

Wenn es um das Thema des Aufrichtens mit sanftem Geiste geht, dann haben wir Gottes Autorität auf unserer Seite. Du würdest Dir diese besondere Verantwortung sicher nicht selbst ausgesucht haben, nicht in Millionen Jahren, (und ich hätte auch nicht dieses Kapitel eingefügt, wenn ich es nicht in der Bibel gefunden hätte). Kritik, Entrüstung, Streitsucht, leichtfertige Verdammung: all das kommt nur zu natürlich bei uns vor und kostet uns nichts, es auszuteilen. Aber ein treues Wort der Wahrheit, in Liebe gesprochen, ist etwas ganz anderes. Die Bereitschaft, sich selbst in dem Feuer der Liebe zu reinigen, gehört in eine andere Kategorie. Das zu tun, war Jesus bereit. Er ging den ganzen Weg, gehorsam sogar bis zum Tod, für uns.

Und wenn alles gesagt und getan ist, wird es immer noch solche geben, die ungerührt bleiben, die keine Rüge oder Ermahnung annehmen wollen, egal wie liebevoll sie geschieht. Der reiche junge Mann ging »traurig« (Lk 18,23) davon. Und Jesus hielt dennoch an seinen Worten fest und zog ihn nicht am Ärmel. Wenn einige auf ihn nicht hören wollten, warum sollten sie uns hören?

Verliebt sein oder lieben

Es ist eine Sache, verliebt zu sein. Es ist etwas ganz anderes, zu lieben. Du verstehst inzwischen sicherlich, Peter, daß dieses Buch nicht vom Verliebtsein handelt. Die Buchläden und die Bücherregale in den Flughäfen und Supermärkten sind brechend voll davon, aber sie kommen nicht einmal in die Nähe der Thematik echter Liebe. Ich habe über Liebe gesprochen: die Liebe eines richtigen Mannes zu einer richtigen Frau im Willen Gottes. Dies ist unendlich wichtiger als Verliebtsein.

Ich möchte das Verliebtsein jedoch nicht ganz außer acht lassen. Es war Gottes Idee ganz am Anfang, und er hat die Welt so eingerichtet, daß es nötig war. Aber er beließ es dabei nicht. Er machte es zu einem hohen Vergnügen – sogar heiter und voller Glücksgefühl. »Lebe fröhlich mit deiner Frau!« sagte Salomo. »Laß ihre Brüste dich befriedigen!« Isaak wird als einer beschrieben, der seine Frau liebkoste (s. 1. Mose 26,8) Das hebräische Wort bedeutet »spielen«.

Streng, wie die alttestamentlichen Gebote uns oft zu sein scheinen, war dennoch in vielen von ihnen eine Menschlichkeit zu spüren, die Dich überraschen mag. Besondere Vorkehrungen wurden beispielsweise für den frisch verheirateten Mann getroffen: »... er soll nicht mit dem Heer ausziehen, und man soll ihm nichts auferlegen. Er soll frei in seinem Hause sein ein Jahr lang, daß er fröhlich sei mit seiner Frau, die er genommen hat.« (5. Mose 24,5)

Denk daran: Gott möchte, daß junge Männer glücklich sind, und er erläßt eigens einen Befehl, dies sicherzustellen.

Eine Freundin erzählte mir, daß alles, was ihre Mutter sie kurz vor der Hochzeit über Sex lehrte, war: »Entsage nie deinem Mann. Aber sage niemals, daß du es genießt!« Arme Frau! Sie hat sicher versucht, sehr pflichtbewußt zu sein und sehr christlich, aber welch ein verstecktes Mißverständnis von Gottes wahrem Plan für Geschlechtlichkeit. Durch welch düsteren Stoizismus hat sie ihn ersetzt! Stell Dir den armen Ehemann vor! Niemals sicher, ob sie jemals etwas freute, was er tat, und wenn die Tochter den Rat der Mutter befolgt hätte, könnte es die Ehe ruiniert haben.

Geschlechtsverkehr bewirkt, daß Du ein Fleisch mit einem anderen Menschen wirst. Dies trifft auch zu, wenn die andere Person eine Prostituierte ist. Das sollte uns zu denken geben! »Flieht die Hurerei!« sagte Paulus. »... Oder wißt ihr nicht, daß euer Leib ein Tempel des heiligen Geistes, der in euch ist, und den ihr von Gott habt, und daß ihr nicht euch selbst gehört? Denn ihr seid teuer erkauft; darum preist Gott mit eurem Leibe!« (1. Kor 6,18-20)

Ein Fleisch mit der Frau zu werden, die Gott dir gibt, ist ganz und gar richtig und angebracht. Gott beabsichtigt, daß Du Dich selbst verläßt und Dich daran erfreust. »Lebe nach dem Grundsatz, daß jede Situation, in der Du glaubst, der Wille Gottes ist«, schrieb Jim Elliot. Ich kann bezeugen, daß er nicht zögerte, das Prinzip auf sein Geschlechtsleben anzuwenden, wobei die entscheidende Bedingung der Wille Gottes war. Ehe es nicht der Wille Gottes war (und Du weißt von seiner Geschichte Schatten des Allmächtigen (Shadow of the Almighty), daß es manchmal Jahre dauerte, bis es klar war), zähmte er seinen Leib, es zu unterdrükken, wie Paulus es tat.

Sexuelle Erfahrung, die im Gehorsam und in der Hingabe an den Geber dieser guten Gabe geschieht, wird die Wahrheit über Christus und die Gemeinde sichtbar machen. Sie ist ein weiteres der mannigfachen physischen Zeichen geistlicher Tatsachen. Indem wir verlieren, finden wir, indem wir geben, empfangen wir, wenn wir sterben, werden wir geboren. Geschlechtlichkeit illustriert alle drei Facetten dieser befreienden Wahrheit. Wenn wir auf diesen Seiten zu sehr das Geben und Sterben zu betonen scheinen, dann geschieht dies, weil wir das in dieser Zeit des »Sei gut zu dir« und »Tu, was dir gefällt« bitter nötig haben.

Nirgendwo in unserer modernen Welt sieht man die radikale Verkehrung der Symbole erschreckend deutlicher als in der Sinnentleerung der Sexualität. Man sucht den Geschlechtsverkehr ohne Liebe, die Liebe ohne Ehe, die Ehe ohne Verantwortung. Die geschlechtliche Beziehung ist tatsächlich eine Epiphanie. Das heißt, sie ist die Offenbarung seiner Wirklichkeit, die nicht von dieser Welt ist. Solche Wirklichkeiten lassen sich am besten durch Symbole verstehen, und wenn wir solche Symbole nicht aufrichtig anwenden, verlieren wir überhaupt die Sicht für die Wirklichkeit.

Geschlechtlichkeit ist eine geheimnisvolle Darstellung der Liebe Gottes zu uns und der verblüffenden Tatsache der Vereinigung mit ihm. Sie macht uns unsere Beschränkungen als Männer und Frauen bewußt: jeder abhängig vom anderen, beide abhängig von Gott, um Leben, Bedeutung und Erfüllung zu haben, jedoch sich wunderbar ergänzend in jenen Beschränkungen durch die Tatsache, daß Erfüllung Vereinigung bedeutet. Wie wir das Leben Gottes teilen und in sein eigenes intimes Leben und seine Freude eintreten, so teilen wir in der Ehebeziehung das Leben des anderen und treten in die tiefste menschliche Vereinigung ein, wo Männlichkeit und Weiblichkeit in herrlichster Weise ausgedrückt und vollendet werden.

Ich sagte soeben, daß Du Dich selbst verlassen solltest. Es gibt keinen besseren Ausdruck für den Unterschied zwischen verliebt sein und lieben. Verliebt sein bezieht sich auf eine Verrichtung. Es ist ein Akt, der technisch nichts erfordert, was im entferntesten echter Liebe gleichkommt. Zu lieben dagegen erfordert, sein Ich zurückzulassen, es zu verlassen für den anderen.

Und doch, wie soll ich angemessen über den Lohn dieser Art Liebe schreiben? Wie kannst Du wissen, daß dieses paradoxe Prinzip tatsächlich funktioniert, wenn Du nicht selbst so handelst.

Eine Wahrheit, die von Christen oft verdunkelt oder vergessen wird, ist, daß die Auferstehung, auf die wir warten, eine Auferstehung des Leibes ist. Man scheint vielfach als selbstverständlich anzunehmen, daß es im Himmel keine Geschlechtlichkeit mehr gibt. Die Bibel sagt das nicht. Sie sagt, daß man nicht mehr heiraten wird oder verheiratet wird, und daß wir in dieser Hinsicht »wie die Engel« sein werden. Aber sie sagt nicht, daß wir keine sexuellen Wesen mehr sein werden. Wir werden alle einen Leib haben.

Engel haben keinen Leib, nur in besonderen Fällen erhalten sie einen Leib, um eine bestimmte Aufgabe zu erledigen. Engel werden als »dienstbare Geister« beschrieben.

Das meiste von dem, was uns über den Himmel berichtet wird, ist ganz unvorstellbar. Sogar die eindrucksvollen Bilder der Offenbarung sind für die meisten von uns zu fabelhaft. Der Grund dafür, warum wir die Bilder nicht verstehen können, wird uns in Römer 8 gesagt:

»Die Schöpfung ist ja unterworfen der Vergänglichkeit ... doch auf Hoffnung; denn auch die Schöpfung wird frei werden von der Knechtschaft der Vergänglichkeit zu der herrlichen Freiheit der Kinder Gottes ... auch wir selbst, die wir den Geist als Erstlingsgabe haben, seufzen in uns selbst und sehnen uns nach der Kindschaft, der Erlösung unseres Leibes.« (Röm 8,20.21.23)

Ich kann mir nicht vorstellen, was diese Erlösung des Leibes bedeuten wird, kannst Du es, Peter? Ich kann es einfach nicht begreifen. Aber ich ahne, daß es eine Freude sein wird, so riesig und überwältigend, so allumfassend und befriedigend, daß Gott nicht wagte, uns mehr als leichte Andeutungen zu geben, damit wir von dem Geschehnis nicht so sehr überwältigt sind, daß wir unsere Arbeit vernachlässigen würden. Wenn wir diese Andeutungen im Gedächtnis halten, wird Liebe vielleicht nicht bloß etwas sein, das wir von Zeit zu Zeit »machen«, sondern etwas, das wir leben. Liebe wird dann die Atmosphäre unserer Familie bestimmen.

Wenn man eine Familie hat

Eine Familie zu haben, steht sicher auf der Liste Deiner Vorhaben ganz unten. Ich zweifle, ob es überhaupt auf Deiner Vorzugsliste steht. Ich glaube, ich habe nie von einem Mann gehört, der heiraten wollte, um eine Familie zu gründen – nicht in unserer Gesellschaft. Ich habe von der einen oder anderen Frau gehört, die das wollte.

Du wirst darüber irgendwann einmal nachdenken müssen, und ich rate Dir dringend, darüber mit jeder vorausschauenden verheirateten Frau zu sprechen, auf die Du triffst; denn – neben Geld, Verwandten und Sex – ist es eins der potentiell explosivsten Themen zwischen Eheleuten.

Vor einigen Jahren kam ein junges Paar zu mir und meinem Mann und fragte uns, was wir von ihrer Entscheidung, keine Kinder zu haben, hielten. In einer Welt voller Leid, mit der Drohung eines Nuklearkrieges, mit Überbevölkerung sahen sie nicht, wie ein christliches Ehepaar guten Gewissens ein Kind in die Welt setzen konnte.

Wir sagten ihnen, was wir dachten: Die ursprüngliche Absicht des Geschlechtsverkehrs war Fortpflanzung. Gott wollte, daß der Mensch sich selbst vermehrt. Wenn ein Mann und eine Frau, die im normalen Alter sind, um Kinder zu zeugen und zu gebären, eine Ehe schließen, ohne bereit zu sein, Kinder zu haben, dann weichen sie unserer Meinung nach der göttlich verordneten Verantwortung in der Ehe aus. Die Zahl der Kinder und die Intervalle zwischen den Schwangerschaften sind andere Fragen, aber Kinder zu haben oder nicht, ist nicht Geschmackssache.

Im ersten Timotheusbrief gibt es einen sehr schwierigen Abschnitt, über den schon viele Seiten geschrieben wurden: Frauen werden »durch das Kindergebären gerettet werden.« (s. 1. Tim 2,15) Paulus kann nicht meinen, daß Frauen, die keine Kinder haben, in die Hölle fahren. Kann er vielleicht meinen, daß der Ehemann seine Frau »rettet«, wie Christus seine Braut von Fruchtlosigkeit befreit? Mit anderen Worten: Da es unsere »Rettung« ist, Gottes Willen zu tun, findet die Frau, von der Gott will, daß sie Mutter ist, ihre Rettung in diesem Sinne durch ihren Ehemann. Wenn sie andererseits gegen den Willen Gottes rebelliert – das heißt, gegen das Vorrecht, Kinder zu gebären und für Gott aufzuerziehen – wird sie nicht diese Art leben führen. Mann und Frau werden »errettet«, indem sie den göttlichen Befehl respektieren.

C. S. Lewis schrieb einen Brief an ein Ehepaar, das in seiner ganzen Ehe keine Kinder haben wollte, nicht aus Gründen, die unsere Freunde angeben, sondern weil sie sich entschlossen hatten, daß ihr Leben völlig »uns« gewidmet sein sollte, der Bewahrung dessen, was eine vollkommene Liebe zu sein schien. Lewis schrieb:

> Fangt ganz unten an! Was würden die unanständigeren Heiden denken? Sie würden sagen, die haben es zu toll getrieben, so daß die Göttin Nemesis provoziert wurde und ihnen Einhalt gebot. Geht eine Stufe höher: die gebildeteren Heiden würden jeden Rückzug von den Forderungen der allgemeinen Menschheit als unmenschlich, unbürgerlich und schändlich brandmarken. Wenn es Stoiker sind, würden sie sagen, daß es »gegen die Natur« sei, zu versuchen, einen Teil des Ganzen zu einem selbstgenügsamen Ganzen, das für sich selbst lebt, zu verzerren. Geht dann zu den Christen. Sie würden natürlich damit übereinstimmen, daß Mann und Frau »ein Fleisch« sind. Sie würden vielleicht zugeben, daß dies sehr bewundernswert bei euch beiden realisiert ist. Aber sicher würden sie hinzufügen, daß dieses eine Fleisch »für sich selbst« nicht leben darf und auf die Dauer auch nicht leben kann, wie auch das einzelne Individuum nicht. Das eine Fleisch ist genausowenig wie das Individuum um seiner selbst willen er-

schaffen worden. Es wurde für Gott erschaffen und (in Gott) für seine Mitmenschen – und unter diesen zuerst und vor allem für die Kinder, die es hätte in die Welt bringen sollen ... Die Erfahrung einer Frau, der die Mutterschaft versagt blieb, ist eine, die ein Mann mit ihr nicht teilen kann. Wenn einem die Vaterschaft versagt blieb, ist das etwas ganz anderes und vergleichsweise trivial.«*)

Das scheinen gewichtige Gründe gegen Kinderlosigkeit zu sein. Was das Argument betrifft, daß die Kinder Leid zu gewärtigen hätten, so bin ich versucht zu sagen: »Und was gibt es sonst noch Neues?« Leid gehört zu unserer Existenz in einer gefallenen Welt, und wenn Gott souverän über Zeit und Geschichte ist, ist er auch souverän über das Leben unserer Kinder, die, wie der Psalmist sagt, ein »Erbe« vom Herrn sind. (Ich schreibe dies nicht leichtfertig, das kannst Du mir glauben. Ich habe Enkel. Was werden sie bis zum Jahre 2030 gesehen und erlitten haben?) Die große Lektion des Glaubens, die alle Eltern lernen müssen, ist, bezüglich ihrer Kinder auf Gott zu vertrauen. Sie lieben sie, wie sie es sich niemals vorstellen konnten, daß sie jemanden so lieben könnten, und es verlangt einen ständig wachsenden Glauben, daß Gott sie noch mehr liebt.

Kannst Du dich als Vater vorstellen? Ich bin sicher, daß Du das kannst. Hast Du schon einmal länger über Deine väterlichen Instinkte nachgedacht? Wenn Du eine Frau liebst und spürst, daß Du sie beschützen möchtest, nimm sie in Deine Arme und halte sie von Gefahr fern, das ist der Anfang. Es ist gewiß etwas Väterliches in der Liebe eines Mannes zu einer Frau. Aber niemand kann Dir die eigentliche Erfahrung der Vaterschaft beschreiben oder Dich darauf vorbereiten. Letzte Woche erhielt ich gerade einen Brief von einem jungen Mann, den ich in einem Seminar kennengelernt habe. Sein Sohn war gerade geboren worden. Er versuchte, mir zu erzählen, welch eine überwältigende Erfahrung es für ihn war. Er hatte keine Ahnung, überhaupt keine Ahnung, sagte er, wie sehr er dies kleine Baby lieben würde.

*) Sheldon Vanauken, A Severe Mercy, 1977, S. 207

Ich kann mir denken, daß ein lediger Mann auf das gemarterte junge Paar mit der Tragetasche, dem Kindersitz, dem Nachttopf, dem Kinderwagen, dem Laufstall, den Papierwindeln und der Menge Spielzeug mit einer gewissen Selbstzufriedenheit herabschaut. O weh! Muß das alles sein? Ist es das wert? Das ist nichts für mich!

Ja, man braucht eine Menge Ausrüstung, wenn man in einer Zivilisation lebt. (Inder geben sich mit einem Gegenstand zufrieden: ein einziger Tuchstreifen, etwa zwei Meter lang und einen Meter breit, den die Mutter über der Schulter zusammenknotete, um darin das Baby manchmal bis zum zweiten Lebensjahr zu tragen.) Ja, das alles braucht man und eine ganze Menge mehr, das Du nicht gesehen hast. Aber es lohnt sich, eine Million mal. Nichts für Dich? Im Willen Gottes wird es auch für Dich etwas sein und – Du wirst dafür dankbar sein.

Es gibt genug Bücher über Vaterschaft. Laß mich hier nur noch eins sagen: Ich bin davon überzeugt, daß einer der Gründe, warum Gott uns Kinder und Tiere gibt, für die wir sorgen müssen, ist, uns demütig zu machen. Sie fangen an, unser Herz zu brechen. Die ganze Anmut eines neugeborenen Kindes (sogar einer Puppe), die Unschuld, die erbärmliche Hilflosigkeit (da ist dieser Mensch, dieses kleine Geschöpf, das nicht überleben wird, wenn Du nicht für es sorgst), das Geheimnis, zu wissen, daß dies Wesen das Produkt Deiner Gene und Deiner Liebe ist (und Du siehst Dich selbst zu Dir zurückblicken aus den milchigen, weiten Äuglein im Augenblick der Geburt): dies alles wird Dein Herz brechen.

Dann, wenn Du Deine Vaterrolle ernst nimmst, wirst du an jedem Tag wissen, daß Du dieser Aufgabe nicht gewachsen bist, nicht Du allein. Und das ist demütigend. Deinen Beruf kannst Du vielleicht spielend ausüben. Den Beruf des Ehemannes glaubtest Du vielleicht ziemlich bewundernswürdig auszuüben. Du hast wahrscheinlich nicht viel darüber nachgedacht, was es heißt, ein Sohn oder ein Bruder oder ein Freund oder Enkel zu sein. Aber ein Vater zu sein, wird Dich auf Deine Knie zwingen, wenn nichts anderes es vermochte. Es wird Dich von Dir selbst retten, weil Du gezwungen wirst, achtzugeben auf diese winzige Person, für die

Du und seine Mutter verantwortlich sind. (Die Mütter werden jedoch meistens mehr durch diesen »Beruf« gedemütigt, weil einfach gewöhnlich der Mutter die dreckigsten Arbeiten überlassen werden. »Bitte mich nicht, die schmutzigen Windeln zu wechseln«, sagen Väter, weil sie sich aus der Affäre ziehen können. Die Mutter hat keine Wahl.)

E. Hermann sagt folgendes über Demut:

> Wir alle lassen uns leicht von der Idee der Stärke blenden – aber wir merken nicht, daß jede wahre Stärke in der Demut begründet ist. Wir relegieren Demut immer noch auf die bleichen Ränge passiver Tugenden und schmuckvoller Gnade, während sie in ihrer legitimen Entwicklung eine Eigenschaft ist, die dem Mutigen und Kämpfer zukommt. Demut ist wirklich einfach ein Sinn für Realität und Verhältnisse. Sie ist gegründet auf dem Wissen der Wahrheit über uns selbst und über Gott. »Gott liebt die Demut so sehr,« sagt Vinzenz von Paul, »weil er die Wahrheit so sehr liebt. Demut ist aber nichts als Wahrheit, während Stolz nichts als Lüge ist.«*)

*) E. Hermann, Creative Prayer, S. 13 f.

Eine Kontrolliste

Einige Männer des Seminars, in dem ich lehrte, hörten, wie ich meine Freundin Dorothee zitierte, die sagte: »Wir beide sind keine besonders hervorragende Persönlichkeiten, mein Lieber! Laß uns nach dem Wesentlichen schauen und den Rest über Bord werfen!« Was ist das Wesentliche, wollten die Männer wissen, wenn man sich nach einer guten Frau umsieht? Sie baten mich, einen Abend darüber zu ihnen zu sprechen. Folgendes habe ich ihnen gesagt.

Ganz oben auf der Liste sollte stehen: Fraulichkeit und Glaube. Sie muß eine richtige Frau sein und sie muß eine Christin sein. Kein Christ sollte meinen, er könne sich mit jemanden verbinden, der diese beiden wesentlichen Stücke nicht hat.

Was meine ich mit Fraulichkeit? Ich habe ein ganzes Buch darüber geschrieben (Laß mich eine Frau sein (Let Me Be a Woman)), und was ich in den ersten Kapiteln des Buches, das Du gerade liest, gesagt habe, will ich hier zusammenfassen.

Erstens sollte sie froh sein, daß sie eine Frau ist. Ob sie über ihre Weiblichkeit verärgert oder verunsichert ist, zeigt sich gewöhnlich in ihrer Kleidung und in ihrem Benehmen. Es ist nicht schwer, den Unterschied zu erkennen zwischen einer Frau, die immer eine Hose und Wanderschuhe trägt, ob es die Situation erfordert oder nicht, und der Frau, die solche Kleidung nur trägt, wenn es angebracht ist, und es selbst dann durch ihr Benehmen und ein wenig Fingerspitzengefühl fertigbringt, Dir zu zeigen, daß sie nicht versucht, ein Mann zu sein.

Mit anderen Worten: eine richtige Frau hat die Gegebenheiten akzeptiert: ihre Weiblichkeit. Dies ist ein Glaubensakt. Sie anerkennt den Platz, den ihre Weiblichkeit ihr in Gottes Welt zuteilt.

Sie weiß, daß sie vom Manne genommen, von Gott zum Manne gebracht und von ihm benannt wurde. Sie begehrt nicht das nicht Gegebene.

Eine richtige Frau versteht, daß der Mann erschaffen wurde, um Initiative zu ergreifen, und daß sie unter dieser Vorgabe reagieren kann. Dies ist vor allem eine Sache der Einstellung. Ich bin überzeugt, daß die Frau, die den Unterschied zwischen Mann und Frau versteht und mit Freuden annimmt, weiblich sein wird und zwar ungezwungen und unbewußt.

Eine christliche Frau anerkennt Christus als ihren Herrn und Meister. Indem sie das tut, stellt sie sich selbst unter Gehorsam, was bedeutet, daß sie an das gebunden ist, was der Herr sie zu tun lehrt. Da die Bibel sagt, daß sie sich nach ihrem Ehemann richten, sich an ihn anpassen und ihm unterwerfen und ihn respektieren soll, sucht sie die Dinge als dem Herrn zu tun. Dies ist nicht dasselbe wie wenn sie es nur für ihren Mann täte. Wenn sie es nur für ihren Mann tut, wird sie sich berechtigt fühlen, sich nicht anzupassen oder unterzuordnen, wenn er fehlt. Wenn sie es für den Herrn tut, ändert sich das Bild.

Kein Mann möchte eine Null zu seiner Gefährtin. Eins und eins gibt zwei, nicht eins und nichts. Eine Frau muß sich darüber im klaren sein; denn nur dann kann sie sich bewußt dafür entscheiden, diesen Mann als Ehemann, seinen Namen als den ihren, sein Geschick als das ihre und seine Fehler als Teil der Bedingung dieser Ehe zu aktzeptieren. Sie trifft eine Entscheidung. Sie ist nicht der Gunst eines namenlosen Schicksals ausgeliefert, sondern ist vielmehr mit dem Vorschlag eines fehlbaren menschlichen Wesens einverstanden. Um diese Vereinbarung zwischen ihnen zu besiegeln, stehen sie vor der Öffentlichkeit, »vor Gott und diesen Zeugen«, und geben ihr Versprechen.

Sie wird das Wort gehorchen nicht streichen wollen; denn es paßt zu der biblischen Beschreibung dessen, was eine christliche Frau tut.

Ich würde sicher einen Sinn für Humor auf die Kontrolliste schreiben. Er ist wesentlich. Ich meine nicht, daß Du eine Komödiantin finden mußt, bei der Du Dich dauernd vor Lachen auf dem Boden wälzen mußt. Sie muß nicht gut Witze erzählen können. Aber sie muß lachen können – zuallererst über sich selbst; das ist eine rettende Gnade.

Dr. James Houston wies mich einmal darauf hin, daß das Versiegen des Humors vielleicht durch fehlende Übereinstimmung zu erklären ist. Wo es keine Übereinstimmung gibt, da kann es keine Ungereimtheit geben, die das Wesen des Humors ist. Such Dir eine Frau, die das Absurde sehen kann. Flannery O'Connor, eine meiner Lieblingsschriftsteller des zwangzigsten Jahrhunderts, wurde oft kritisiert, weil sie solche grotesken und unvereinbaren Charaktere in ihren Kurzgeschichten schuf. »Nun«, sagte sie langsam, »ich schätze, daß ich einer der wenigen Menschen bin, die eine Laune noch kennen, wenn sie einer begegnen.«

Such Dir eine Frau, die nicht alles so todernst nimmt, daß sie immer darüber reden muß: wer bin ich, wie wirke ich auf die Leute, wie fühle ich mich? Mit Leuten, die nicht über sich selbst lachen können, kann man nicht gut zusammenleben, weil sie tun, was sie gemäß Paulus nicht tun sollen: übertriebene Vorstellungen von sich selbst und ihrer Wichtigkeit hegen. Auch nur ein flüchtiger Blick auf die riesige Lücke, die zwischen dem, was ich sein sollte, und dem, was ich wirklich bin, klafft, sollte genügen, um solche übertriebenen Vorstellungen zu dämpfen. Die Diskrepanz ist, laß mich's gestehen, zumindest absurd. Es ist natürlich traurig, aber es ist auch lächerlich.

Nun zur Frage der Karriere. Sieh Dir das genau an! Jede Frau, die als Ehefrau in Frage kommt, sollte bereit sein, ihren Mann und ihre Kinder an die erste Stelle zu setzen, über ihre eigenen Interessen, einschließlich der Karriere. Das ist einfach vernünftig. Wenn für sie eine Karriere genauso wichtig wie oder wichtiger als die Ehe ist, dann heirate sie nicht. Ich weiß, das klingt ganz schön dogmatisch; aber glaube mir, wenn man versucht, Ehe und Karriere miteinander zu verbinden, dann kann das die größten Schwierigkeiten geben. Es ist unmöglich, Kindererziehung und Karriere zu verbinden. Das ist nicht dasselbe, wie wenn eine Frau, die allein ist, weil sie plötzlich Witwe geworden ist oder geschieden wurde, nicht arbeiten könnte, um ihre Kinder zu ernähren. Ganze

Scharen von Frauen müssen das tun und tun es. Aber die Frau, die davon träumt, beides zu tun, und es als ideal ansieht, muß sich auf Schwierigkeiten gefaßt machen. Wahrscheinlich hegt sie Ambitionen für sich selbst. Sie möchte beweisen, daß sie es tun kann. Sie möchte etwas gelten. In solchen Wünschen ist nichts von Gott zu finden. Oft meint sie, sie müsse »der Menschheit« als Arzt oder Anwalt oder als Angestellter des Staates »dienen«, und vergißt dabei, daß es keinen größeren Dienst für die Menschheit gibt, als eine christliche Familie zu führen. Andere Straßen zu suchen, weil die eigene Familie nicht auszureichen scheint, oder weil andere Straßen interessanter aussehen und vielversprechender, ist ein Fehler. Wenn sie an Rechte denkt – »Ich habe genau soviel Recht auf einen Beruf wie jeder Mann« –, dann wirst Du Probleme bekommen. Sieh Dich vor der Frau vor, die von Rechten spricht!

Wenn sie um ihrer Familie willen sich entschließt, eine Karriere zeitlich vorzuziehen oder zumindest zurückzustellen, dann braucht Deine Frau sehr Deine Hilfe und Ermutigung. Sie wird sicher eine intelligente Frau sein und wahrscheinlich wird sie eine gute Schulbildung genossen haben. Sie wird ständig gefragt werden: »Was macht Du jetzt?« oder »Welche Pläne hast Du?« Zu antworten: »Ich bin Peters Frau« oder »Ich plane, mich um mein Heim und meine Familie zu kümmern«, wird Mut erfordern und eine stille Sicherheit, wie Jesus sie hatte: die Sicherheit, die aus dem Wissen resultiert, woher man kommt und wohin man geht. Wenn Du als ihr Ehemann sie in ihrer Berufung bestärkst, wird es ihr leichter fallen, der Kritik, die kommen muß, zu widerstehen.

Wieder wird Opfer verlangt werden. Man kommt nicht um die Tatsache herum, daß, wenn Du Dich von ganzem Herzen dafür einsetzt, Deine Kinder für Gott zu erziehen, Du Dich von vielen Aktivitäten ausschließen wirst, die Deine Freunde genießen, und oft auch von Aktivitäten, die obligatorisch scheinen – nicht bloß sozialer Art, sondern vielleicht in bezug auf Gemeinde, Familie, Geschäft und Staat. Du mußt Gott um Weisheit bitten, richtig zu wählen, und um Kraft, bei der Entscheidung zu bleiben. (Achte nicht auf das Gerede, daß Du selbst daran schuld bist. Du schuldest nichts Dir selbst, sondern alles Gott.)

In einem Leitartikel mit der Überschrift – »Frau als Krieger« in der Dallas Morning News vom 27. November 1979 wies William Murchison auf die Bitte von General William Westmoreland vor einem Haus des Komitees des bewaffneten Dienstes hin, daß Frauen nicht eingezogen werden. Mit leichter Ironie schreibt Murchison: »Nur männliche chauvinistische Schweine würden eine Frau verletzen durch Hinweis auf ihr Unvermögen, eine Bajonettladung zurückhalten zu helfen.« Er sagt dann weiter:

> »Die Durchschnittsfrau ist wichtiger als der Durchschnittsmann, wichtig in dem Sinne, daß die Gesellschaft zusammengehalten wird, daß ihre Auflösung in Anarchie verhindert wird.
> Das Wort »Heim« zu erwähnen, bedeutet, Schrecken in der Brust einer begeisterten Feministin zu erregen. Das Heim ist etwas, wo zimperliche kleine Dummköpfe bleiben, die ihre Lumpen pflegen. Die wahren Frauen fahren Lastwagen oder fliegen B52-Maschinen. Aber wer hält Heim und Familie zusammen, wenn nicht die Frauen? ...
> Es ist unfair, zu versichern, ihr Platz sei zu Hause; es ist absurd zu sagen, das Heim könnte ohne sie existieren. Deshalb werden Frauen nicht eingezogen und in den Krieg geschickt. Wenn Frauen kämpften – und getötet oder zu Krüppeln gemacht würden – würde es der Familie einen ernsthaften Schlag versetzen und damit natürlich der ganzen Sozialordnung.
> Welch ein reaktionäres Gerede solch eine Auffassung für begeisterte Leute sein muß! Nun, schlimm genug! Solche Vorstellungen spiegeln das Denken der Menschheit seit 6000 Jahren wider.«

Ein kanadischer Reporter beschuldigte mich, eine Ansicht über das Frausein zu vertreten, die aus dem viktorianischen Zeitalter stammt.

»Sie ist sehr viel älter«, sagte ich ihm. Wir brauchen nur 2000 Jahre zurückzugehen, um zu finden, daß Paulus dem Titus schreibt, die jungen Frauen sollten lernen, »... ihre Männer (zu) lieben, ihre Kinder (zu) lieben, besonnen, keusch, häuslich, gütig (zu sein), und sich ihren Männern unter(zu)ordnen, damit nicht das Wort Gottes verlästert werde.« (Tit 2,4.5)

Es würde mich interessieren, wieviele Frauen manchmal mehr aus Habsucht und einem Geist des Wettbewerbs zur Arbeit gingen als aus Notwendigkeit, und kleine Kinder in Tageskrippen brachten, weil einfach kein starker Mann hinter ihnen stand, der ihnen sagte: »Nein! Du bleibst zu Hause! Dies ist der einzige Beruf, der wirklich wichtig für Dich ist!« Andere Stimmen waren zu laut, zu verlockend, zu logisch. Doch welch eine Erleichterung wäre die Stimme eines starken Mannes!

Sieh auch nach dem »unvergänglichen (Schmuck) des sanften und stillen Geistes«. (1. Petr 3,4) So beschreibt Petrus das Geheimnis der Schönheit einer heiligen Frau.

Vor kurzem hatte ich Valerie und ihre beiden Kinder – Walter, der drei ist, und Elisabeth, die ein Jahr alt ist – mehrere Wochen zu Besuch. Ich beobachtete sie und war erneut beeindruckt, was für ein Vierundzwanzig-Stunden-Job Muttersein ist. Und wie unentbehrlich zur richtigen Ausführung dieser Arbeit ein »sanfter und stiller Geist« ist! Ich sah den Heiligen Geist in Valerie am Werk, der diesen »unvergänglichen Schmuck« bewirkte.

Sieh Dich schließlich nach einer Frau um, die weiß, daß Liebe kein Gefühl ist. Es ist wunderbar, wenn sie eine Menge liebender Gefühle für dich hegt. Es ist großartig, wenn sie Dich Liebe fühlen läßt. Danke Gott für Gefühle; denn ohne sie könnten wir nicht auf all die Sinneseindrücke in unsrer Welt reagieren. Als physische und psychische Wesen sind wir ein Bündel von Gefühlen. Aber, wie gesagt, sie sind kein Anker für eine Ehe. Die Liebe, die eine Ehe unterhält – und durch die Ehe selbst unterhalten wird –, muß aktiv sein.

Meine Freundin Dorothee sagte: »Wirf den Rest über Bord!« Es ist schön, wenn Du eine Frau findest, die hübsch ist, kochen kann, Hausarbeit mag, dieselben Sportarten betreibt wie Du, Bücher liest, die Du auch gern liest, und Fernsehsendungen ansieht, die du auch magst. Wenn sie nähen kann und singen, Ski laufen, ein Zelt aufschlagen, einen Anhänger ankoppeln, ein Feuer machen kann, etwas von Fußball versteht, die Bilanz macht, den Vergaser reinigen kann, dann wirst Du ein überaus glücklicher Mann sein. Wenn Du spät zu Bett gehst und sie auch, dann sei dankbar (obwohl ich bei längerem Nachdenken nicht weiß, wer das Frühstück bereitet und die Kinder in die Schule schickt). Sei besonders dankbar, wenn Du eine Frau findest, die nicht dauernd darauf erpicht ist, sich über schwere Themen zu unterhalten. Gottseligkeit und Zufriedenheit sind ein großer Gewinn, sagt die Bibel, und soweit ich weiß, erfordert keins von beiden tägliche intellektuelle Gymnastik.

Wie man mit der Kontrolliste umgeht

Es gibt fünf Möglichkeiten, daß die Frau, die Deine Ehefrau werden soll, eine Frau ist, wie Du sie haben möchtest.

Zuerst: Sei ein Mann! Ich habe das hundertmal gesagt und werde es wieder sagen. Du erwartest, daß sie eine richtige Frau ist, aber du kannst das nicht erwarten, wenn Du kein richtiger Mann bist. In der Reaktion auf den vollsten Ausdruck Deiner Männlichkeit wird sie ganz Frau sein. Wenn sie nicht nach Deinen Erwartungen lebt, dann prüfe Dich zuerst selbst. Übernimmst Du die Führung, wie Du es tun solltest, in demütiger Haltung und Unterwerfung unter Christus? Denkst Du immer daran, daß Du für sie verantwortlich bist?

Zweitens: Laß sie sich freuen, daß sie eine Frau ist. Ein Weg, dies zu tun, ist, Dinge zu bemerken. Ein ehrliches Kompliment kann sie erhellen. Wenn sie auch nicht die Figur von Farrah Fawcett hat, kann sie dennoch sehr hübsch aussehen? Sag es ihr. Hat sie schöne Hände? Sag es ihr. Ein anderer Weg ist, höflich zu sein. Höflichkeit ist ein Mittel, sich gegenseitig daran zu erinnern, daß Du ein Kavalier bist und sie eine Dame ist. Ganz egal, wie »altmodisch« ihr beide sein wollt – Du wirst überrascht sein, welch ein Vergnügen es bereitet, wenn ihr euch gegenseitig ein wenig Beachtung schenkt. Ich habe schon einige besondere Dinge erwähnt: Biete ihr den Stuhl bei Tisch an, öffne ihr die Tür. Führe die kleinen Dinge auch aus, wenn Du schon länger verheiratet bist. Sie schwinden oft schnell dahin, weil der Alltag alles erdrückt. Steh am Morgen auf und mach den Kaffee und bring ihr eine Tasse ans Bett mit einer Margerite oder einem Buch auf einem Tablett. Sie wird erstaunt sein.

Lars weiß, wie er mich froh darüber machen kann, daß ich eine Frau bin. Schrittweise und geduldig zeigt er sich als Kavalier, so daß ich mich wie eine Dame fühlte. Aber der Hebel, der schließlich den Felsen zum Kippen brachte, war, als er eines Tages zu mir sagte: »Ich möchte Zäune um Dich aufrichten und zugleich auf allen Seiten stehen.«

Drittens: Du mußt begreifen, daß Führerschaft ihr hilft und ihr Erlösung bringt, und für Dich bedeutet, bereit zu sein, Verantwortung zu tragen. Das schließt ein, Fehler nicht zu entschuldigen. Es schließt geistliche Leitung in Deiner Familie ein. Viele Männer spüren, daß ihre Frauen geistlicher gesinnt, empfindsamer gegenüber Gott, religiöser als sie selbst sind. Deshalb übertragen sie ihnen das Familiengebet. Das sollten sie nicht tun. Selbst wenn Du meinst, daß Deine Frau Dir geistlich überlegen ist, bist Du der verordnete Priester der Familie. Du brauchst mit ihr nicht zu wetteifern. Du mußt sicher nicht an jedem Morgen beim Frühstück eine Predigt halten. Übernimm die Führung, indem Du einen Abschnitt aus der Bibel oder aus »Licht für den Tag« vorliest, aus jener wunderbaren Zusammenstellung von Bibelversen unter einem bestimmten Thema für Morgen und Abend. Leite das Gebet! Es mag so einfach sein, wie du willst, aber bete! Ruth Graham sagte, sie glaube, wenn der Mann für seine Frau betet und die Dinge, die sie an diesem Tag zu tun hat, und wenn die Frau für ihren Mann betet und für die Dinge, die er zu tun hat, dann wird diese Ehe im Laufe der Jahre gefestigt. Man kann den Einfluß auf die Kinder nicht ermessen, wenn ihr Vater sie durch tägliches Beispiel zu Gott führt.

Viertens: Liebe sie mit der Liebe, die in 1. Korinther 13 beschrieben wird. Versuche, Deinen Namen anstelle des Wortes Liebe zu setzen: »Peter ist langmütig, erträgt alles, glaubt alles, hofft alles, erduldet alles ...« Wie funktioniert das?

Und zuletzt: Denk daran, daß ihr zusammen Erben der Gnade des Lebens seid. Dies ist eine der großen Gemeinsamkeiten in der Bibel, daß Mann und Frau Empfänger der Gnade sind, die größer ist als alle unsere Sünde. Das wird alle ihre Sünden gegen Dich bedecken. Es wird Deine Sünden gegen sie zudecken. Es wird Deine und ihre Vergangenheit zudecken. Es wird alles in der Zukunft zudecken.

Wo die Gnade herrscht, verschwinden Unterschiede der Nationalität, der sozialen Stellung und des Geschlechts. Da ist nicht mehr Jude oder Grieche, Sklave oder Freier, Mann oder Frau. Und wie es keine Unterscheidung zwischen männlich und weiblich gibt bezüglich ihrer Gottesebenbildlichkeit und ihrer moralischen Verantwortung Ihm gegenüber, so gibt es auch keine Unterscheidung in bezug darauf, daß sie Gegenstand der Gnade Gottes sind. Aber wie sie das Bild des Irdischen verschieden tragen (in verschiedenen Körpern), so tragen sie, auch das Bild des Himmlischen verschieden: die Frau in Reaktion, der Mann in Initiative.

Wenn du sie nicht verstehst

Eines Morgens im Juni vorigen Jahres, als ich gerade an einem ruhigen Ort an der Ostküste Floridas weilte, ging ich wie üblich zu dem langen weißen Sandstreifen über die Straße, um die anbrechende Morgenröte zu betrachten. Ein paar Sterne schienen noch in ihrem mitternächtlichen Blau, und ich ging und betete, in dem kühlen Wind vom Meer her und der Stille schwelgend.

»Wer hat das Meer mit Toren verschlossen,
als es herausbrach wie aus dem Mutterschoß,
als ich's mit Wolken kleidete und in Dunkel einwickelte
wie in Windeln,
als ich ihm seine Grenze bestimmte mit meinem Damm
und setzte ihm Riegel und Tore
und sprach: ›Bis hierher sollst du kommen und nicht weiter; hier sollen sich legen deine stolzen Wellen!‹«
(Hiob 38, 8-11)

Dort, wo die Flut endete, war eine Reihe von Muscheln, die anzeigte, daß hier die tosenden Wellen zur Ruhe kamen. Seetang hatte sich ein wenig höher in riesigen Klumpen angesammelt, ein Beweis dafür, daß die Wellen einige Tage früher so weit gestiegen waren und nicht weiter.

Als der Himmel über dem östlichen Horizont sich blutrot zu färben begann, setzte ich mich auf einer Sanddüne nieder, um das Schauspiel der hervorbrechenden Sonne anzuschauen.

»Hast du zu deiner Zeit dem Morgen geboten
und der Morgenröte ihren Ort gezeigt,

damit sie die Ecken der Erde faßte und die Gottlosen herausgeschüttelt würden?
Sie wandelt sich wie Ton unter dem Siegel
und färbt sich bunt wie ein Kleid. « (Hiob 38,12-14)

Als die Sterne erloschen und die blutrote Farbe zunahm und sich aufhellte, den östlichen Himmel in Rosa einhüllend, sah ich, wie im Süden sich Gewitterwolken auftürmten. Grelle Blitze zuckten hinter ihnen und verwandelten das Meer und die Wolkenränder in Silber. Hinter mir hörte ich in den Zwergpalmen den kalten, reinen Klang der Trauerlerche, durchsetzt mit dem üppigen Pfeifen der virginischen Nachtigall. Krabben glitten behende über den Sand, ihre gekrümmten Beine schienen sich wie Räder zu drehen, so daß sie aussahen wie winzige, zarte königliche Kutschen, die auf einem märchenhaften Botengang dahineilten.

Die Sonne ging hinter den Wolken auf, plötzlich in einem großen Lichtfächer hervorbrechend, mit Strahlen verschiedener Intensität.

Weit unten am Strand konnte ich die Gestalt eines Mannes erkennen, der sich gegen das prächtige Meer und den glitzernden weißen Sand abhob. Er war vornübergeneigt und untersuchte etwas. Ich wußte, was es war; denn ich hatte sie selbst untersucht: die Spuren der großen Seeschildkröten, die während der Nacht aus dem Meer gekommen waren, als die Flut am höchsten war, um ihre Eier in den Sand zu legen. Er suchte das Geheimnis zu ergründen, das ich auch ergründen wollte. Wie wußten Schildkröten, wann die Flut ihren Höhepunkt erreicht hatte? Woher wußten sie, daß sie ein tiefes Loch in den trockenen Sand graben mußten. Wie gruben sie es aus? (Hast Du schon einmal versucht, ein tiefes Loch in trokkenem Sand zu graben?)

Diese Geheimnisse sind nur, wie es im Buche Hiob heißt, »die Säume Seiner Wege«. Sie kommen von dem weiten, liebenden Herzen unseres Schöpfers und Erlösers. Ich sah sie, und ich neigte mich in Anbetung vor ihrer aller Schöpfer und dachte daran, daß auch sie einstimmen werden in das gewaltige Lied der Offenbarung: »Und jedes Geschöpf, das im Himmel ist und auf Erden und unter der Erde und auf dem Meer und alles, was darin ist, hörte ich sagen: Dem, der auf dem Thron sitzt, und dem Lamm sei Lob und Ehre und Preis und Gewalt von Ewigkeit zu Ewigkeit!«

Wenn Du im Willen Gottes heiratest, Peter, dann wirst Du wohl gelegentlich auf diese Frau blicken, die Fleisch von Deinem Fleisch ist und Bein von Deinem Bein, von dem Geheimnis, das Du da siehst, ergriffen, aber auch verwirrt, manchmal vielleicht sogar aufgebracht über das, was in ihr so geheimnisvoll ist und zeitweise geradezu irrational. Es mag sein, daß Du Dich in den kurzen Nachtstunden einen Ellenbogen weit über sie beugst und in das schlafende Gesicht schaust, auf die vertraute Linie von Nase, Kinn, Hals, die Rundung der Brust. Wer ist sie? Wie kam es, daß sie und nicht eine andere in Dein Leben trat, Dein Haus, Dein Bett? Was meinte sie mit dem, was sie beim Abendbrot sagte? Warum sieht sie nicht ein, was Du meinst? Was erwartet sie vom Leben? Warum kannst du sie nicht überzeugen? Warum kommt sie nicht aus sich heraus und sagt, was sie denkt, statt von Dir zu erwarten, daß Du ihre Gedanken lesen kannst?

»Ihr Männer, wohnt vernünftig mit ihnen zusammen und gebt dem weiblichen Geschlecht als dem schwächeren seine Ehre«, schrieb Petrus in seinem ersten Brief (1. Petr 3,7), aber es gibt einen Punkt dahinter, den Du nicht ergründen kannst. Es gibt Geheimnisse, die Gott Dich nicht ausloten läßt. »Es ist Gottes Ehre, eine Sache zu verbergen.« (Spr 25,2) Wenn Du darum einmal außer Dir bist und Weiblichkeit für Dich zu unermeßlich ist, dann solltest Du die Worte von Thomas a Kempis beherzigen:

> »Gesegnet ist die Einfachheit, die den Weg der schweren Fragen verläßt und in den ebenen und festen Wegen der Gebote Gottes wandelt.«
>
> Viele haben ihren Eifer verloren, weil sie nach höheren Dingen Ausschau hielten, als ihnen gemäß ist. Glaube und ein gutes Leben sind von Dir gefordert, und nicht die Höhe des Verständnisses, noch die Tiefen der Geheimnisse Gottes. Wenn Du die Dinge, die in Dir sind, nicht verstehen noch erfassen kannst, wie willst Du dann die Dinge begreifen, die über Dir sind? Ordne Dich darum sanft

> Gott unter, und unterwirf auch Deinen Verstand dem Glauben. Dann wird Dir das Licht der Erkenntnis und wahren Verstehens gegeben werden, wie es für Dich höchst lohnend und notwendig ist.

Tu das, Peter, und mit Sternen, Gewitterwolken, Krabben, Nachtigallen, Lerchen und Seeschildkröten magst du, nur ein Mann, aber ganz ein Mann, Deine Stimme erheben und dem, der auf dem Thron sitzt, Lob und Ehre und Preis und Gewalt entgegenjubeln. (s. Offb 5,13)*)

*) Thomas a Kempis, De imitatione Christi 4,28

hänssler

Elisabeth Elliot
Eine harte Liebe
Zwischen Reinheit und Leidenschaft

Fünf Jahre dauerte es, bis Jim Elliot das Ja von Gott erhält, seine Elisabeth zu heiraten. Fünf Jahre warten – eine harte Liebe. Trotzdem ist ihre Geschichte nicht trostlos. Die Autorin schildert, wie Gott Menschen wachsen läßt, die sich ihm anvertrauen, wie er sich ihnen in Einsamkeit und Sehnsucht offenbart und ihren Mangel ausfüllt. Die ehrlichen Antworten sind von eigenem Erleben und einem tiefen Verständnis von Gottes Wahrheiten geprägt.

Gb., 160 S., Nr. 71.603, ISBN 3-7751-1304-5